Birgit Jennerjahn-Hakenes/Klaus Eppele

Schwarzwald Der Norden

Wanderungen für die Seele
20 Wohlfühlwege

Droste Verlag

ALLE WANDERUNGEN AUF EINEN BLICK

TOUR 1: KUNST UND PAUSE(N) — 7
Der Kunstweg am Reichenbach
7 km | 285 Hm | 2,5 Std. | Rundweg

TOUR 2: EINE KLETTERPARTIE — 13
Um's Mühlendorf Ottenhöfen
12,2 km | 745 Hm | 5 Std. | Rundweg

TOUR 3: POESIE NATUR — 23
Auf Hesses Spuren in Calw
13,6 km | 375 Hm | 4 Std. | Rundweg

TOUR 4: RUHE UND ROMANTIK — 35
Schliffkopf und Allerheiligen
12,8 km | 565 Hm | 4,25 Std. | Rundweg

TOUR 5: AUF DEM GRENZWEG — 45
Großherzogtum oder Königreich
12 km | 530 Hm | 4 Std. | Rundweg

TOUR 6: GEHEIME KAMMERN — 55
Im Zickzack zur Teufelsmühle
10,4 km | 610 Hm | 3 Std. | Rundweg

TOUR 7: IM TANNENGRÜN — 65
Schwanner Warte bietet Weitblick
11 km | 300 Hm | 2,5 Std. | Rundweg

TOUR 8: ABSPRUNG INS BLAU — 75
Waldbad in Bad Wildbad
15 km | 400 Hm | 4 Std. | Rundweg

TOUR 9: FELSIG UND GÖTTLICH — 85
Baden-Baden von oben
13,5 km | 819 Hm | 5 Std. | Rundweg

TOUR 10: FÜR LEIB UND SEELE — 95
Durbacher Weinpanorama
15 km | 400 Hm | 4 Std. | Rundweg

TOUR 11: WEITBLICK UND WEIN — 107
Himmlische Hölle in Sasbachwalden
9,8 km | 430 Hm | 3,5 Std. | Rundweg

TOUR 12: SCHWARZWALD WOHLIG — 117
Wanderspazieren im Renchtal
9,1 km | 280 Hm | 2,25 Std. | Rundweg

TOUR 13: DAS STILLE MOOR — 123
Bohlenweg zur Grünhütte
12,5 km | 210 Hm | 3 Std. | Rundweg

TOUR 14: SEHEN UND HÖREN — 131
Abwechslungsreiches Geroldsau
11,8 km | 439 Hm | 3,5 Std. | Rundweg

TOUR 15: DEM HIMMEL NAH — 137
Himmelssteig Bad Peterstal-Griesbach
12,5 km | 580 Hm | 4 Std. | Rundweg

TOUR 16: SCHWÄBISCHER URWALD — 147
Romantik im mystischen Monbachtal
11,6 km | 430 Hm | 4 Std. | Rundweg

TOUR 17: HEIDELBEERSUMMEN — 157
Mummelsee und Hornisgrinde
9,5 km | 360 Hm | 3 Std. | Rundweg

TOUR 18: SEEBAD UND SEHLUST — 165
Zum Karsee bei Herrenwies
11 km | 220 Hm | 2,75 Std. | Rundweg

TOUR 19: INS NICHTS ABSCHWEIFEN — 173
Sankenbachsteig in Baiersbronn
12,8 km | 530 Hm | 4 Std. | Rundweg

TOUR 20: FARBENSPIELE — 183
Faszinierende Gertelbachschlucht
10,2 km | 400 Hm | 3,5 Std. | Rundweg

Bei der Klosterruine Allerheiligen

Liebe Wanderfreunde und Auszeitsucher,

rund um den Nordschwarzwald lustwandeln wir durch nuancenreiches Waldgrün, lassen uns an Wasserfällen von feinen Tropfen kitzeln, und an Bächen genießen wir Wellness für die Ohren. Die Teufelsmühle, der Bernsteinfelsen oder auch der Merkur bieten uns grandiose Ausblicke in die Oberrheinische Tiefebene, die Vogesen und manchmal sogar bis zum Straßburger Münster, um nur eine Auswahl zu nennen. Auf dem Schliffkopf – mit seinen Weitblicken ein Schauplatz der Großzügigkeit – knacken wir die 1000-Höhenmeter-Marke und fühlen eine unglaubliche Geborgenheit in der Natur. Auf dem Himmelssteig im Mittleren Schwarzwald sind wir der blauen Weite nah. In der Gegend um Calw gelangen wir auf Finnenbahnen zum Stubenfelsen, der Lügner enttarnt, und rund um Durbach und Sasbachwalden spazieren wir durch hübsche Weinberge. Sehr romantisch wird es im Monbachtal, mystisch im Hochmoor bei Kaltenbronn, idyllisch an Karseen, und der Kunstweg am Reichenbach gibt dem Wort Kunstpause eine neue Bedeutung. Natürlich probieren wir auch die Weine und viele andere regionale Köstlichkeiten, kommen mit Gastwirten ins Plaudern und erkunden das Land mit allen Sinnen.

Ob wir auf dem Hermann-Hesse-Weg wandern oder über den Karlsruher Grat klettern – einen Jahrmarkt für die Seele bieten uns die vielen abwechslungsreichen Orte und Wege im Nordschwarzwald. Viel Freude beim Wandern für die Seele wünschen

Birgit Jennerjahn-Hakenes & Klaus Eppele

NATUR-INFO

KULTUR-INFO

TOUREN-/EVENT-INFO

GENUSS-INFO

- 7 Kilometer
- 285 Höhenmeter
- 2,5 Stunden
- Rundweg

Kunstwerk am Kunstweg

Auszeittour 1

Kunst und Pause(n)
Der Kunstweg am Reichenbach

Ausgangspunkt für unsere heutige entspannte Wanderung ist der Parkplatz **Reichentaler Straße** in **Hilpertsau**. Noch ahnen wir nicht, wie beschaulich es gleich wird, denn wir müssen zunächst ein Gewerbegebiet durchqueren. Das dauert kaum 2 Minuten, und schon erwartet uns eine Wellnessdusche für die Ohren: das Rauschen des **Reichenbachs** ❶.

Für viele Schritte wird uns sein beruhigender Klang auf dem **Kunstweg** ❷, der wegen der vielen **Heuhütten** ❸ auch Heuhüttenweg genannt wird, begleiten. Was für ein Glück für Ohr und auch Auge. Im kräftigen Wiesengrün leuchten Blumen wie gelbe und lila Farbtupfer auf. Schmetterlinge fliegen scheinbar im Takt umher, die Vögel singen, das Zusammenspiel ist perfekt.

Die Kunst am Wegesrand ist laut und leise, zeigt sich versteckt und offensichtlich. Der erfrischend natürliche Kunstweg führt durchs Tal, das vor uns liegt. Wir befinden uns hier in einer Art Wohlfühltrichter. Mag sein, dass wir ein paar Autos oberhalb unseres Weges sehen – hören können wir aber nur Natur pur. Hier ausruhen, dem Rauschen lauschen und berauschen lassen von den lauschigen Plätzen. Bänke stehen im Überfluss am Wegesrand, auch wenn es überhaupt kein Zuviel an Wohlfühlplätzen geben kann. Eschen, Eichen und Ahorne liefern den Rahmen zum schönen Bild, das nicht nur Mutter Natur geschaffen hat, sondern das eben auch von Menschen gestaltet wurde. Die Skulpturen und Installationen der Künstler – vorwiegend aus Baden-Württemberg –, können

Der Reichenbach ist ein Mittelgebirgsbach, der sich im Laufe von 50 Millionen Jahren durch harten Granit des mittleren Murgtals in das Reichenbachtal eingegraben hat.

Heuhütten im Murgtal wurden erstmalig im Jahr 1683 erwähnt. Zu dieser Zeit rodete man die Täler entlang der Bachläufe und legte Wiesen an. Tiroler Einwanderer brachten diese Art von Vorratshaltung aus ihrer Heimat mit.

Auszeittour 1

wir nicht übersehen. Die Schilder am Wegesrand verraten uns den Namen des jeweiligen Künstlers und den Titel seines Werkes, wenn es denn einen hat.

Nach nur wenigen Metern stromaufwärts am Reichenbach entlang, kommen wir zur Tafel „Kunstweg am Reichenbach" und erfahren hier, dass der 2004 entstandene Weg nur 3,2 Kilometer andauern wird. Die Idee der Initiatoren Rüdiger Seidt und Jürgen Dieskau war es, uns Besucher dazu zu bringen, unsere Welt, Umwelt und Heimat bewusster wahrzunehmen. Mal beeindrucken die Werke von Weitem, mal möchte man näher treten und sie berühren. Die für das Wiesental typischen Heuhütten runden das Bild idyllisch ab. Zahlreiche Stege aus Holz führen über den Bach und laden uns ein, rüberzukommen. Drüben setzen wir uns vor einer Hütte auf eine Bank. Ein schattiges Plätzchen sollte es sein, um ungeblendet das durch die Sonne glitzernde Wasser vor uns anschauen

Bedrohte Arten wie die Wasseramsel, die Libellenart Quelljungfer oder auch die blauflügelige Prachtlibelle bezeugen die hervorragende Wasserqualität.

Heuhütte am Reichenbach

Der Kunstweg am Reichenbach

Für die Seele

Wir sitzen am Reichenbach, genießen das beruhigende Bachplätschern und geben dem Wort Kunstpause eine neue Bedeutung.

zu können und seine beruhigende Wirkung zu genießen.

Der Weg entwickelt einen eigenen Rhythmus von Gehen, Setzen, Kunstwerke schauen und Weitergehen. Wir schlendern mehr, als dass wir wandern. Es geht stetig bergan, doch die Kunstpausen, die wir einlegen, sorgen dafür, dass von Anstrengung keine Rede sein kann. Und jedes Jahr, so wie Bäume einen neuen Ring erhalten, wird auch der Weg um neue Kunstwerke ergänzt. So lohnt es sich, den familientauglichen Weg durchaus mehrmals zu beschreiten.

Wir kommen an ein ganz besonderes Baumhaus, kein klassisches im eigentlichen Sinne. Das Haus befindet sich nicht im Baum, nein, es scheint, als wüchsen aus dem Haus Bäume heraus.

Der Bach verlässt uns linker Hand, und wir sind fast am Ende des Kunstweges angekommen. Nun besteigen wir den **Ölberg** ❹, benannt nach der Figurengruppe, die die biblische Szene nachstellt. Er liegt links am Hang. Oben angekommen, erfreuen wir uns an einem fantastischen Blick zurück und verweilen auch hier ein wenig. Danach gehen wir ein paar Meter auf der Kaltenbronnerstraße und können uns den Ort **Reichental** anschauen. Links am Hang thront die Pfarrkirche Sankt Mauritius, und im ehemaligen Reichentaler Dorf-Sägewerk gibt es ein **Waldmuseum** ❺, das über die Geschichte des Waldes und dessen Bewirtschaftung informiert. Hier wohnt man in Fachwerkhäusern und hat es ruhig, wenn nicht gerade Folgen der SWR-Serie „Die Fallers" gedreht werden.

Die Materialien, die die Künstler verwendet haben, sind Holz, Wasser, Erde, Stein, Papier, Metall, Beton und biologische Substanzen.

Auszeittour 1

Zurück führt unsere Route über den Hailweg, auf den wir treffen, wenn wir umkehren und die **Kaltenbronnerstraße** aus dem Ort wieder hinauslaufen. Kurz vor Ortsausgang zweigt der Weg links ab. Wir wandern nun oberhalb des Kunstweges. Unterwegs blicken wir auf **Schloss Eberstein.** An einem Baumstamm ist das Holzschild **Reichentaler Kirchweg** angeschlagen. Nach circa 2 Kilometern erreichen wir das **Schmietkreuz.** Noch einmal setzen wir uns gerne, dann gehen wir weiter abwärts den **Kapfweg** entlang und an der nächsten Biegung rechts nach **Hilpertsau.** Mit etwas Glück entdecken wir auf unserer kurzen Wanderung sogar einen Feuersalamander. Kurz darauf gelangen wir an unseren Ausgangspunkt zurück, bereichert um den möglichen Einklang von Natur und Kunst.

Alles auf einen Blick

Entspannung ✸✸✸✸✸
Genuss ✸✸✸✸✸
Romantik ✸✸✸✸✸

WIE & WANN:
Die beste Wanderzeit ist März–Oktober (Blütezeit!)

HIN & WEG:
Auto: Bundesstraße 462, Abzweigung zwischen Hilpertsau und Weisenbach in Richtung Reichental/Kaltenbronn (L 76b). 50 Meter nach dem Bahnübergang rechts in den „KUNSTWEG" abbiegen. Parkmöglichkeiten entlang der Gewerbeansiedlung (GPS: 48.73406, 8.35133)
ÖPNV: S8 und S81 Murgtalbahn Karlsruhe–Freudenstadt bis Haltestelle Hilpertsau oder ab Bahnhof Gernsbach Bus 242 bis Haltestelle B 462/Abzweig Reichental

ESSEN & ENTSPANNEN:
Rucksackverpflegung

ENTDECKEN & ERLEBEN:
Reichenbach ❶
Kunstweg ❷
Heuhütten ❸
Ölberg ❹
Waldmuseum im Reichentaler Dorf-Sägewerk ❺ Kaltenbronner Straße 35, 76593 Gernsbach, Tel. (0 72 24) 4 02 19 (Mai–Okt. So. 14–18 Uhr)

- 12,2 Kilometer
- 745 Höhenmeter
- 5 Stunden
- Rundweg

Edelfrauengrab-Wasserfall

Auszeittour 2

Eine Kletterpartie
Um's Mühlendorf Ottenhöfen

Neben dem Kiosk am Kurpark Ottenhöfen, wo wir heute starten, finden wir gleich ein Schildermeer und lesen auch unser Ziel: Zum **Karlsruher Grat** Ottenhöfen im Schwarzwald.

Wir laufen durch den Park an der Mühle vorbei – Ottenhöfen ist ein Mühlendorf – in Richtung Kirchturm. Schon die Blumenpracht im Kurpark verrät, dass das heute eine bunte Wanderung wird. An der Sparkasse überqueren wir die Straße und folgen Nähe des Blumenhauses Bregen dem Schild „Rundweg Karlsruher Grat Ottenhöfen im Schwarzwald, Empfohlene Laufrichtung über Eichkopf – Edelfrauengrab-Wasserfälle" mit der gelben Raute. Nach wenigen Schritten bergauf sehen wir linker Hand in etwa 10 Kilometer Entfernung den Berg Hornisgrinde. Noch ein, zwei Kurven weiter steil hinauf, und wir dürfen uns auf die erste Bank setzen. Am Hang gegenüber sehen wir Schafe weiden. An der Straße erblicken wir unseren Wegweiser auf der anderen Seite an einer Laterne. Bänke zieren den Weg. Wir kommen aus dem Wald heraus und können links ein Mahnmal besuchen, eine Gedenkstätte, die an die Opfer der beiden Weltkriege erinnert.

Dann gehen wir weiter auf der Markgraf-Bernhard-Straße nach links und spazieren an der Achertal-Klinik vorbei. Danach dürfen wir links liebevoll gestaltete Privatgärten in Hanglage bewundern. Am Ende der Straße gehen wir einen schmalen Pfad in den Wald hinein, immer bergauf. Rechts im Tal liegt das Naturerlebnisbad Ottenhöfen, dessen Wasser vollständig

Auszeittour 2

durch biologische Vorgänge gereinigt wird. Lila und gelbe Wiesenblumen schmücken unseren bestens ausgeschilderten Weg „Karlsruher Grat Ottenhöfen im Schwarzwald". Sind wir doch einmal unsicher, weil das Grün oder der Waldschatten ein Schild verdeckt, so wissen wir ja: Wir müssen immer bergauf.

Die Hornisgrinde und ein Windrad erblicken wir in der Ferne, Bänke befinden sich zum Glück nahe dem Weg, an dem der Ginster blüht und auch die Heidelbeeren wachsen. Die Natur hat uns Baumwurzelstolperfallen aufgestellt, damit wir auch immer wieder wachgerüttelt werden und hinsehen. Zum Beispiel wie zauberhaft sich Roter Fingerhut in der Landschaft behauptet. Tannen- und Laubbäume spenden ausreichend Schatten, während wir immer auf dem **Waldlehrpfad,** der auch Pilz- oder Heidelbeerweg heißen könnte, bergauf laufen. Nach dem zweiten Hinweis „Waldlehrpfad" geht es etwas bergab, wir hören den Wind in den Bäumen rauschen. Wenig später wird der Weg nach einer Linkskurve breiter, und die Sonnenstrahlen dringen wieder zu uns durch. Wir sind vielleicht eine Stunde gelaufen und zum Glück gibt es an der **Eichkopfhütte** ❶ an der **Sausteig Tränke** ❷ kühle

Eichkopfhütte

Um's Mühlendorf Ottenhöfen

Für die Seele

Schwindelfrei und trittsicher bezwingen wir den Karlsruher Grat und packen diese Leistung in unseren Erinnerungsrucksack.

Getränke. Das erfreut nicht nur unser Wanderherz, sondern auch durstige Kehlen. Zum Wohl!

Nach der erfrischenden Rast erspähen wir rechter Hand, versteckt hinter hohem Gras, einige Bienenhäuschen und können die arbeitsamen Insekten eine Weile beobachten. Anschließend geht es die asphaltierte Straße ein paar Meter aufwärts. Gleich darauf biegen wir links wieder in den Wald hinein und laufen den **Holderbrünnele** Richtung Edelfrauengrab. Riesige und auffallend gerade gewachsene Bäume säumen die Waldstraße, die durch einen sehr steilen Hang führt. Es lohnt sich, auch mal stehen zu bleiben und hinabzusehen.

Bald verlassen wir die Straße und gehen nach links. Der Pfad führt zu den **Edelfrauengrab-Wasserfällen** ❸, bis dorthin sind es nur noch 600 Meter. Manchmal trifft man hier sogar auf Joggerinnen, die einen überholen. (Hoffentlich stolpern sie nicht, denn der Pfad ist nicht gerade eben.) Im Zickzack kommen wir dem Wasser näher. Bevor wir es sehen, hören wir es schon. Dann sind wir am **Gottschlägbach.** Nach der Brücke gibt es eine kleine Bewirtung – Brezeln, Eis, Kaffee – mehr oder weniger aus dem Kofferraum eines Autos serviert (nur an Wochenenden und Feiertagen). Hier laufen wir in den Wald hinein an den **Wasserfällen des Gottschlägbaches** entlang. Der breite Weg im **Gottschlägtal** ist steinig. Ein Hinweis verspricht, dass wir die Sage, nach der die **Edelfrauengrab-Wasserfälle** benannt wurden, direkt beim **Edelfrauengrab** ❹ nachlesen können. Unterwegs dorthin begegnet uns immer wieder der Wegweiser „Karlsruher

Auszeittour 2

Edelfrauengrab

Grat Ottenhöfen im Schwarzwald". Gespannt laufen wir forsch weiter. Bemerkenswert ist der intensive Tannenduft, der uns mit einem Mal umgibt.

Außerdem stoßen wir auf die Holzschilder „Sagenerzähler", „Bänkelsänger" und „Gericht" – diese Beschilderung wurde anlässlich des 150-jährigen Jubiläums der Erschließung der Edelfrauengrab-Wasserfälle aufgehängt. Zu diesem Festakt gab es ein Theaterstück, das an diesen verschiedenen Stationen aufgeführt wurde. Am **Edelfrauengrab** lüftet sich tatsächlich das Geheimnis um den Namen:

Als einst Ritter Wolf von Bosenstein auf Kreuzzug war, gebar seine untreue Frau sieben Kinder und befahl der Magd, diese zu ertränken. Just in diesem Moment kam der Ritter zurück, rettete die Kinder und gab sie in die Obhut eines befreundeten Burgfräuleins. Später sorgte er dafür, dass die Kinder ihr Schicksal auf seiner Burg vortrugen. Er fragte seine Frau, wie man eine solche Mutter zu bestrafen habe. „Diese sollte bei einem Laib Brot und einem Krug Wasser lebendig eingemauert werden!", antwortete sie und hatte ihr Urteil gefällt. Sie wurde in eine Höhle im Gottschlägtal gebracht, die so von Wasser umgeben war, dass es kein Entkommen gab. Um seine Frau von ihren Qualen zu erlösen, ließ der Ritter den Gottschlägbach in die Höhle umleiten.

Der Karlsruher Grat gleicht einem Dachfirst und hieß einmal Eichhaldenfirst. Einige Karlsruher Kletterer stürzten hier ab. Ihnen zu Ehren bekam er den Namen Karlsruher Grat. Entstanden ist dieser vor rund 300 Millionen Jahren durch eine Spalteneruption.

Um's Mühlendorf Ottenhöfen

Und trotz der tragischen mittelalterlichen Erzählung kommt man nicht umhin, diesen Ort zu bewundern. Ach, es ist so herrlich hier: die romantischen Brücken, die kleinen und größeren Wasserfälle, die Bademöglichkeiten, die Wasserfarben, hellgrün und klar dem Grün der Umgebung angepasst. Alle Sinne werden bedient. Stundenlang könnten wir dem fallenden Wasser zusehen. Es lässt sich nicht aufhalten.

Die Wasserfälle sind bis zu 8 Meter tief. Über Pfade mit enormen Wurzeln gelangen wir vom „Bänkelsänger" zum „Gericht". Wir verlassen das Wasser und die dortige Kühle zum Karlsruher Grat nach rechts. Unser Auge erfreut sich an Blumenwiesen und einer weiteren Getränkebar, bevor wir zum **Aussichtsfelsen Herrenschrofen ❺** gelangen. Ein Vorgeschmack und dann ist es so weit! **Klettersteig-Karlsruher Grat ❻** steht auf dem Schild, und wir müssen uns entscheiden. Klettern oder die Ausweichmöglichkeit nutzen? Wir klettern! Schließlich sind wir schwindelfrei, tragen gutes Schuhwerk, sind trittsicher und erfüllen somit die Voraussetzungen.

Herrenschrofen

Ja, an der ein oder anderen Stelle schlägt das Herz trotzdem schneller. Immer wieder finden wir aber Felsen, auf die wir uns setzen oder an die wir uns anlehnen können. Mag man in der Theorie auch in einer halben Stunde über den Gipfelgrat klettern können, in der Praxis ist die Aussicht so grandios, dass man immer wieder eine Auszeit vom Klettern nehmen, innehalten und nur schauen möchte. Besonders gut ist es, am Ende von einem Baum beschattet zu sitzen und zu wissen, welche Hürden man eben genommen hat. Nichts ist unmöglich – so scheint es in diesem Moment. Auch die Bäume haben uns Halt gegeben. Diese

Auszeittour 2

Brennte Schrofen

Gedanken packen wir in den Rucksack und verlassen den etwa 400 Meter langen Felsgrat.

Drei Wege sehen wir vor uns, wir müssen den mittleren nehmen, am Baum oben rechts ist die blaue Raute angeschlagen, darunter ein Holzschild: **Bosenstein.** Da wollen wir hin, denn nur 100 Meter nach dem **Bosensteiner Eck** ❼ bietet sich am ehemaligen Rasthaus Bosenstein eine Gelegenheit, das mitgebrachte Vesper zu essen.

Ein breiter Schotterwaldweg führt uns bergauf zu diesem Ziel. Und nachdem der Sehsinn etwas zur Ruhe gekommen ist, ist auch das Zwitschern der Vögel und das Rauschen der Bäume wieder zu hören.

Über das ehemalige Rasthaus hinweg erkennen wir gegenüber die Hornisgrinde und die Grindehütte. Unterhalb liegt ein Gehege mit Rehen, und mit etwas Glück stellt ein Hirsch sein Geweih zur Schau. Wir genießen die Pause, nach einer guten halben Stunde visieren wir das nächste Ziel an: **Brennte Schrofen** ❽. Überdachte Infotafeln zeigen die Richtung an, es sind nur

Um's Mühlendorf Ottenhöfen

600 Meter. Sommergrillen zirpen, die Blumenwiese spiegeln das Bunte wider, das auch dieser Tag in sich birgt. Der Weg gabelt sich, wir gehen linker Hand am Zaun entlang, kommen nach der Wiese wieder in den Wald, und es geht bergab. Brennte Schrofen ist gut ausgeschildert. Dort steht eine Hütte, in der man bei schlechtem Wetter gut Unterschlupf finden kann. Wir können heute den Liegestuhl außerhalb nutzen, allerdings liegt es sich etwas hart. Also lieber wieder aufstehen, 10 Meter laufen und die Aussicht genießen. Ottenhöfen und sogar den Bahnhof sehen wir. Wenn wir diesen Punkt verlassen, gehen wir rechts an der Hütte vorbei und nehmen den Weg abwärts. Bis Ottenhöfen sind es noch 3,5 Kilometer. Bergab, bergab, bergab heißt es fortan, am Hang liegen riesige Felsbrocken und auch unser Weg ist steinig. An einer Stelle, an der ein breiterer Weg kreuzt, ist ein Wegweiser umgefallen, aber wir wissen ja, dass wir ins Tal müssen und laufen geradeaus weiter.

Evangelische Kirche

Am Ende schiebt uns der Wind aus dem Wald, als wollte er sagen: „Fort mit euch, auf dass ihr wiederkommt." Gerne verlassen wir den Wald trotz Schatten, denn eine außerordentlich schöne Blumenwiese erwartet den Wanderer. Wir verabschieden uns beinahe fröhlich jauchzend bergab an alten Obstwiesen vorbei. Eine kleine Abkühlung kann man sich am Brunnen verschaffen. Über Wiesentäler erreichen wir eine Ruhebank, nehmen nochmals eine Auszeit und sonnen uns zum Abschied, der sich zum Glück etwas ziehen lässt.

Achtung: Wir bleiben auch am Ende auf dem Genießerpfad und laufen nicht dem Holzschild Otten-

Auszeittour 2

höfen nach, das uns geradeaus abwärtsführen würde, sondern biegen scharf rechts ein. So überqueren wir unten angekommen noch einmal den Bach. Am **Hotel-Restaurant-Café Sternen** ❾ können wir auf einen Kaffee vorbeischauen, wenn die Terrasse nicht voll besetzt ist. Dann gehen wir kurz an der Straße entlang und noch einmal zum Bach. Die letzten Sehenswürdigkeiten sind die **Hammerschmiede** ❿ rechter Hand und die **Evangelische Kirche** ⓫ linker Hand des Baches. Das Gotteshaus wurde im Stil einer norwegischen Stabkirche erbaut. Dann zählen wir die allerletzten Schritte durch eine Straße in Ottenhöfen, denn wir sind müde! Und Gott sei Dank – wir sehen den Kirchturm und sind wieder am Kurpark. Ein langer Weg und ein unendlich guter.

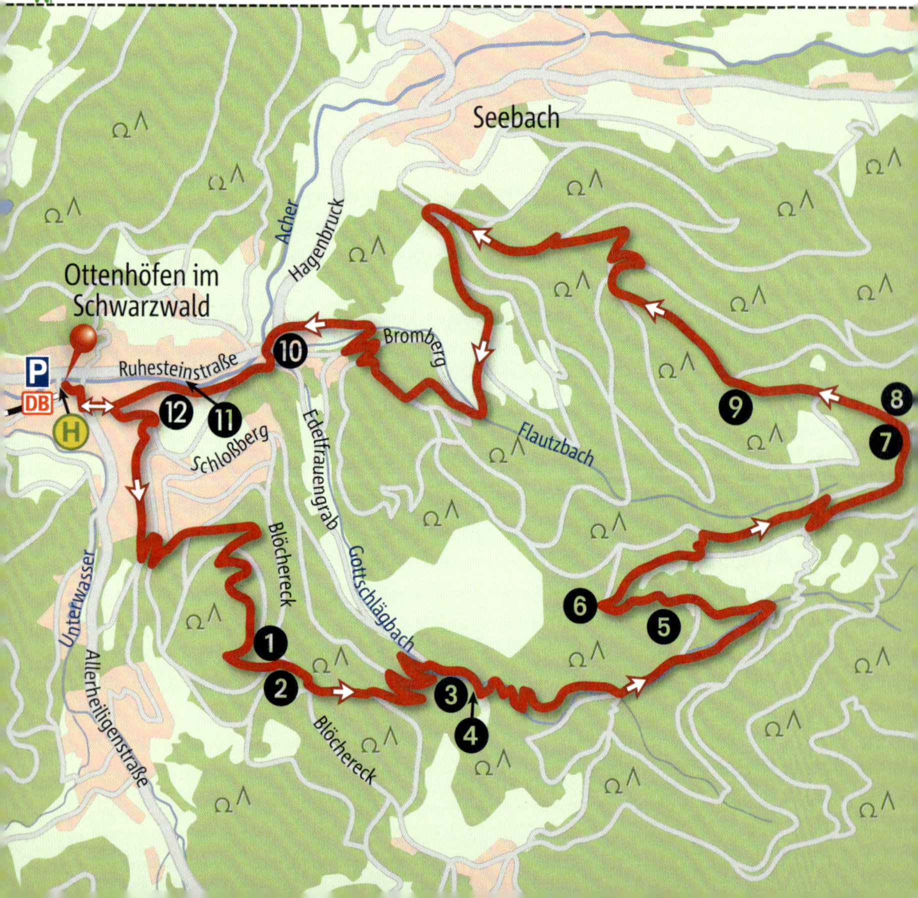

Alles auf einen Blick

Entspannung ✸✸✸✸✸
Genuss ✸✸✸✸✸
Romantik ✸✸✸✸✸

WIE & WANN:
Viele schmale und steinige Pfade und Waldwege, asphaltierte Straßen, Schotterwege, Klettersteig: Die beste Wanderzeit April bis Oktober

HIN & WEG:
Auto: Kiosk am Kurpark Ottenhöfen, Am Bahnhof 1, 77883 Ottenhöfen (GPS: 48.56715, 8.15087)
ÖPNV: Zug/Bus 7125 bis Ottenhöfen, Achertalbahn von Achern nach Ottenhöfen

ESSEN & ENTSPANNEN:
Hotel-Restaurant-Café Sternen ❾ Hagenbruck 6, 77883 Ottenhöfen im Schwarzwald,
Tel. (0 78 42) 94 96-0, www.hotel-sternen-ottenhoefen.de
(Di.–So. ab 9.30 Uhr, Mittagsservice 11.30–14, Abendservice 17–21 Uhr)
Zusätzliche Rucksackverpflegung empfehlenswert!

ENTDECKEN & ERLEBEN:
Eichkopfhütte ❶
Sausteig Tränke ❷
Edelfrauengrab-Wasserfälle ❸
Edelfrauengrab ❹
Aussichtsfelsen Herrenschrofen ❺
Karlsruher Grat ❻
Bosensteiner Eck ❼
Brennte Schrofen ❽
Hammerschmiede ❿
Evangelische Kirche ⓫

- 13,6 Kilometer
- 375 Höhenmeter
- 4 Stunden
- Rundweg

Am Hermann-Hesse-Weg

Auszeittour 3

Poesie Natur
Auf Hesses Spuren in Calw

Wir steuern **Calw**, die Geburtsstadt von Hermann Hesse, mit dem Auto an und fahren den Berg hinauf in den Calwer Stadtteil **Wimberg.** Nach der Spitzkehre biegen wir sofort links in das **Zavelsteiner Sträßle** und dann am Wanderparkplatzschild nochmals links in die **Oberrieder Straße** hinein. Jetzt kann es losgehen. Sogleich finden wir unter einem pyramidenförmigen Dach ausreichend Informationen über das Gebiet und die Wandermöglichkeiten. Wir wählen den Premiumwanderweg, den **Wasser-, Wald- und Wiesenpfad**, und begeben uns hinein in den Wald und das Gezwitscher. Der Weg ist breit und lehrreich. An den Bäumen hängen Infotafeln, die uns etwas über die Harzgewinnung verraten oder auch erklären, wie die Menschen es früher schafften, das Holz vom Berg ins Tal zu bringen.

Bald müssen wir links dem sehr gut ausgeschilderten Wasser-, Wald- und Wiesenpfad folgen – dem Genießerpfad mit dem typischen Schwarzwälder Bollenhut als Kennzeichen. Kaum gestartet, gelangen wir an die **Steinerne Bank ❶**, wo sich einst die Marktfrauen ausruhten. Wir sind noch ausgeruht, außerdem sitzt es sich auf Stein doch sehr hart (die armen Marktfrauen), weshalb wir schnell weitergehen, und zwar rechts ziemlich steil bergab. Nachdem wir diesen Weg hinuntergekommen sind, biegen wir links ab und gehen dann rechts weiterhin sehr steil bergab. Der Weg schlägt teilweise Wellen wie ein Teppich, der nicht richtig ausgerollt wurde. Unten angekommen, müssen wir nach rechts, wo sich eine Startalternative für diese Wanderung bietet. Denn wer mit öffentlichen

Auszeittour 3

Hermann Hesse, am 2. Juli 1877 geboren, nannte seine Geburtsstadt Calw an der Nagold die schönste von allen, die er kannte. Große Worte, bedenkt man, dass Hesse viel gereist ist und Städte wie Neapel, Wien und Singapur gehen hat.

Verkehrsmitteln anreist, beginnt die Premiumwanderung hier, etwa 300 Meter von Calw entfernt.

Aufwärts geht es zum **Hermann-Hesse-Weg** ❷. Wir lesen, dass schon Hesse hier vor über hundert Jahren gerne spazieren ging – wenngleich es damals natürlich anders aussah.

Linker Hand führen ein paar Treppenstufen hinauf, und unweigerlich müssen wir an Hesses Gedicht Stufen denken. Am Wegesrand blühen weiße Waldblümchen. Oben angekommen, wandern wir links den breiten Weg entlang und folgen den Schildern an den Bäumen. Und rechts geht es wieder einige Stufen hinauf. Ein riesiger Baum, dessen Alter man ihm ansieht, scheint uns zu begrüßen. Die Treppen hinter uns gelassen, blicken wir vom **Gimpelstein** ❸ auf Calw. Vermutlich kam der Stein durch den Vogel Gimpel zu seinem Namen. Rechter Hand haben die Bienen, die man hier gut beobachten kann, ein Zuhause. Wir gehen links den Pfad entlang – der jetzt zum schmalen Waldpfad wird. Es geht rauf und runter. Große Pilze ragen aus dem Boden. Außerdem ist dies ein guter Ort, um vierblättrige Kleeblätter zu suchen. Haben wir eines gefunden, können wir fröhlich weiterziehen. Wir überqueren einen breiten Schotterweg, gehen immer weiter aufwärts an uralten Fichten und Tannen vorbei und folgen dem Genießerpfad. Zu den weißen haben sich inzwischen gelbe und lila Waldblümchen gesellt. Gleich geht es nicht mehr so steil bergauf.

Auf dem Gimpelstein

Auf Hesses Spuren in Calw

Für die Seele

„Pause on oifach guga" – das tun wir auf dieser Tour,
auf der wir über Finnenbahnen und Butterstaffeln gehen.

Am Wasser-, Wald- und Wiesenpfad

Immer zu Boden schauenden Stadtmenschen sollte man diese Kleeblattwiesen präsentieren. Jedes einzelne Blatt sieht aus wie glatt gebügelt und poliert, herrlich. Ob Hesse dazu gedichtet hätte? Er, der ein Vordenker war in Sachen Entschleunigung. Wenigstens heute wollen wir so achtsam wie er durchs Leben gehen. Einen kleinen Abschweifer in Sachen Dichter erlauben wir uns und denken an Goethes Worte aus Faust: „Werd ich zum Augenblicke sagen: Verweile doch! Du bist so schön!" Diese allerdings funktionieren nur aus dem Zusammenhang gerissen gut, und das erlauben wir uns einfach.

Auszeittour 3

Schafott

Nun besichtigen wir das **Calwer Schafott** ❹. Der aus dem Jahre 1800 stammende Steinkreis wurde von der Stadt Calw bis 1818 als Hinrichtungsstätte genutzt. Am Schild „Das Calwer Schafott" erfahren wir, was es mit der Redewendung „Jemandem etwas vorwerfen" auf sich hat: „Der Richter (Stabshalter) zerbrach im Falle eines Todesurteils über dem/der Angeklagten einen hölzernen Stab und warf ihn vor die Füße. Damit sollte deutlich werden, dass es nun mit dem Leben vorbei sei und auch der Richter nichts mehr ausrichten könne." Nun probieren wir noch, das Schwert aus der Scheide zu ziehen … oder wir ziehen es vor, uns in die nebenstehende Korbschaukel zu legen. Das ist viel fröhlicher.

Auf einer **Finnenbahn** kommen wir federnden Schrittes weiter, denn moosweiche Hackschnitzel sorgen für einen gelenkschonenden Untergrund. Wir danken den Finnen für ihre Idee, Laufbahnen aus Holzschnitzeln zu bauen. Ebenso bewundern lässt sich hier Roter Fingerhut, der das Waldgrün mit frischer Farbe aufpeppt. Das versuchen auch die Walderdbeeren – klein, aber oho! Die Brombeeren sind noch nicht reif. Schafgarbe erhellt mit seinem Weiß die ohnehin schon lichtdurchfluteten Wege noch mehr. Wir staunen über die riesigen, dickstämmigen, hochgewachsenen Tannen und das zarte Rosa, das Weiß und das leuchtende Gelb, das den Weg immer

Auf Hesses Spuren in Calw

ziert. Poesie pur! Es scheint fast ein Leichtes an diesem Ort, zu dichten wie Hermann Hesse!

Die Wege tragen eigene Namen, wie zum Beispiel Schafottweg, zur Orientierung reicht aber die Genießerpfadbeschilderung. Ein Weg, den man lieber läuft als einen, der nach abruptem Lebensende klingt. Nur am **Werner-Pfrommer-Weg** müssen wir den Bollenhut kurz suchen, da geht es links weiter. Im Hintergrund zeigt sich wieder der Rote Fingerhut. Diesmal sollten wir nicht nur auf unseren Weg achten, denn linker Hand kommt bald ein ganzes Fingerhutfeld, und zum Zwitschern gesellt sich nun auch Summen. Nach einer guten Stunde rasten wir auf einer Bank. Wir sind langsam und achtsam unterwegs, sehen die kleinen Waldbilder wie Minibäume, die auf Stümpfen wachsen, als gäbe es keinen besseren Ort.

Nach der kurzen Rast laufen wir ein Stück auf dem Weg, den wir später zurückkommen werden. Dann biegen wir links ein, folgen bergab dem **Wasser-, Wald- und Wiesenpfad,** der zunächst sehr schmal und dann zu einem Treppenpfad wird. Das sind die sogenannten **Butterstaffeln** ❺, einst von Bauern aus Lützenhardt an-

Blick in den Wald

Auszeittour 3

gelegt, damit die Bäuerinnen ihre Waren auf dem Calwer Markt darbieten konnten. So kam man damals geordnet und gefahrlos durch den Wald, wie uns eine Hinweistafel verrät. Klein wie das Gedruckte auf dem Schild sind auch die ersten reifen Heidelbeeren, die man hier findet.

Über einen weiteren breiten Schotterweg geht's nun bergab, es wird sehr dunkel, und wir hören den **Rötelbach 6**. Ein kleines Feld aus Farnen zeigt sich mitten im Wald, gleich darauf überqueren wir das Gewässer und gehen gegenüber links den Genießerpfad entlang des Baches. Sich mit dem eiskalten Wasser zu erfrischen – herrlich! Das friert auch den letzten Gedanken über den Alltag ein. Und die Idylle, die wir sehen, können wir auch hören: ein Zeitlupenrauschen. Großartig. Selbst der Klee wird größer vor lauter Energie. Der Weg hingegen wird etwas steiniger, aber keineswegs im übertragenen Sinne, denn man bleibt guter Dinge.

Bald überqueren wir eine schnuckelige Brücke. Ach, hier möchte man an den Bäumen seine Stressgedanken zum Vertrocknen aufhängen. Tschüss, wir bleiben im Genießerfluss, bewundern Kleeblattfelder auf bemoosten Steinen und entdecken Blaulibellen und Spinnenfäden, die durch das Lichtspiel der Sonne in Regenbogenfarben leuchten. Auf einem Foto kann man dieses Naturbild nur schwer einfangen, doch unser Auge kann es an unseren Speicherort namens Gehirn weiterleiten. Ein Bild, das wir später wieder abrufen können, weshalb wir leichten Herzens bergauf wandern und den Bachlauf verlassen. Dann gehen wir links einen breiten Schotterwaldweg abwärts, oben links sehen wir Tannen und ein Zapfenmeer. Unten liegt **Kentheim.** Wir müssen rechts hinauf, Kehre um Kehre einen zugewachsenen Pfad beschreiten, an Farnen und Fingerhut vorbei. Pilze ragen wie Papierfächer aus dem Boden, manchmal erblickt man ganze Pilzfamilien.

Unser nächstes Ziel ist der **Stubenfelsen 7**, ein Buntsandsteingebilde, das Lügner enttarnen soll. Schon

Wir bewundern die deutlich erkennbaren Schichtungen im Buntsandstein des Stubenfelsens. Eine Fichte umfasst mit ihren flachen Wurzeln die Felsen und findet so ausreichend Halt. Eigentlich ist sie im Schwarzwald nicht heimisch, aber hier gefällt es ihr.

Auf Hesses Spuren in Calw

Stübenfelsen

von unten sehen wir die großartigen Formationen. Es gibt einen langen Spalt, durch den man sich hindurchquetschen muss, ein Abenteuer in vielerlei Hinsicht. Denn angeblich wird zerquetscht, wer an diesem Tag gelogen hat. Puh! Wir kommen unbeschadet hindurch. Beeindruckend sind auch die Baumwurzeln – und was auf den Felsen so alles wächst an Grün!

Dann sehen wir den blauen Himmel wieder und kommen zum gemütlichen Wiesental. Wir laufen durch den Ort **Lützenhardt** und biegen rechts in den **Wasser-, Wald- und Wiesenpfad.** Hier wohnt man wahrlich ruhig. Und was ist das denn? Es sieht nicht nur so aus, als würde man eingeladen, sich zu setzen – es ist tatsächlich so: „Pause on oifach guga!!!", heißt es auf der Tafel am Baum. Nur die Ausrufezeichen sind überflüssig, denn wir wollen lieber still sein an einem so traumhaften Platz. Ein Wegweiser zeigt nach Rom, es sind über 1000 Kilometer. Aber wer will da hin, wenn er hier sein kann? Wir bleiben eine Weile.

Auszeittour 3

Auf der nächsten Etappe können wir rechts über Wiesenfelder in die Weite sehen, links erfreut sich unser Auge an liebevoll gestalteten Gärten. In einem Stück Wald können wir uns anschließend wieder etwas abkühlen. Links von uns liegt **Sommenhardt.** Wir schlendern rechts in den Wald, überqueren eine Landstraße, gehen wieder in den Wald, einfach dem Genießerpfad nach. Die berühmte **Zavelsteiner Krokuswiese** begrüßt uns Ende Juni zwar krokusarm, aber nun wissen wir, wo sie ist.

Zeit für eine Pause am **Wanderheim Zavelstein** ❽. Kaffee und Kuchen oder Herzhaftes? Herzhaftes! Die hausgemachten Wildklößchen in Wacholderrahmsauce mit Champignonragout, Preiselbeerbirne und schwäbischen Semmelknödeln zergehen auf der Zunge. Der Teller sollte nie leer werden. Köstlich.

Gut gestärkt machen wir uns auf den Rückweg. Wir gehen gegenüber des Wanderheims am kleinen Haus (Wasserversorgung) vorbei und gleich links in den Wald hinein. Die Beschilderung ist nicht leicht zu entdecken, aber ein Stück weiter ist sie wieder gut sichtbar. Wir folgen einer Links-rechts-Kombination und gelangen auf einen breiten Schotterweg, wo am Wegesrand Walderdbeeren als Nachtisch locken. An der ersten Bank tragen wir uns ins Buch „Wasser-, Wald- und Wiesenpfad – Wandergenuss im Schwarz-

In Zavelstein blüht der im Mittelmeer beheimatete Crocus neglectus, um den zahlreiche Legenden ranken. Wahrscheinlich hat der Diplomat und Burgherr Benjamin Bouwinghausen von Wallmerode ihn 1620 zur Zierde der Burggärten aus dem Ausland mitgebracht.

Wanderheim Zavelstein

Auf Hesses Spuren in Calw

wald" ein und sehen in der Ferne, hinter den Wiesen und Feldern den Calwer Ortsteil **Speßhardt.** Dann laufen wir bergab, rechts und links sind Felder. Es geht steil nach unten. Wir überqueren die Straße, die nach Speßhardt führt, wandern nun zwischen Wiesen und Feldern, sehen Kühe und Pferde. Das Gras ist hier hochgewachsen und kitzelt uns. Noch einmal müssen wir über den **Rötelbach,** danach geht es wieder bergauf. Am Ende der Strecke marschieren wir direkt auf unseren Wegweiser zu und gehen an der Mauer rechts. Im Tal wird Heu ohne Ende produziert, grasende Pferde trotzen der Hitze und fröhliche Schwarzwaldwanderer spazieren hier hindurch.

Wölfles Brunnen

Am Waldeingang empfängt uns wieder eine Bank, auf der man schön im Schatten sitzen und auf die Felder und die Ortschaft sehen kann. Wir sind froh, von riesigen Tannen umgeben und wieder im Kühleren zu sein. Noch mal müssen wir über die Hauptstraße und beschreiten dann wieder den Weg, der sich **Wanderweg** nennt. Wir kennen ihn vom Anfang. Übrigens führt hier auch der **Ostweg,** ein 240 Kilometer langer Höhenweg von Pforzheim nach Schaffhausen, durch. Wenn wir jetzt an die Pausenbank vom Anfang kommen, folgen wir dem **Wanderweg** nach oben links. Den Abstecher zum **Wölfles Brunnen** ❾ in 100 Metern, der seinen Namen einer Wolfsgrube in der Nähe verdankt, und zum **Wildschweingehege** ❿ mit Aussichtsplattform in 300 Metern, nehmen wir selbstverständlich noch mit. Wir müssen am Gehege vorbei, biegen rechts ab und spazieren zur Aussichtsplattform. Von

Auszeittour 3

dort sieht man ins Wildtiergehege. Wo sind denn heute alle? Leider sehen wir kein wildes Schwein.

Nach dem Abstecher gehen wir wieder zurück, wie wir gekommen sind, und stellen fest, dass es im Gehege gemütlich unaufgeräumt aussieht. Da! Ein Wildschwein – es schläft unter einem Baumstumpf. Ja, wir sind jetzt auch müdegewandert. Gleich geht es rechts in den schmalen Pfad **Wasser-, Wald- und Wiesenpfad,** dann geradeaus (nicht links dem ganz schmalen Pfad folgen, der hört bald auf). Auf den letzten Metern können wir nach links einen weiteren Abstecher zu einem wunderschönen Grillplatz machen. Oder wir folgen der zweiten **Finnenbahn** auf dieser Wanderung, die abermals unsere Schritte gekonnt abfedert. Dann sind wir zurück und am Ziel.

Alles auf einen Blick

Entspannung ✸✸✸✸✸
Genuss ✸✸✸✸✸
Romantik ✸✸✸✸✸

WIE & WANN:
Viele schmale Pfade Wald- und Wiesenwege, Treppenpfade.
Die beste Wanderzeit ist von März bis Oktober

HIN & WEG:
Auto: Wanderparkplatz, Oberriedter Straße, 76365 Calw (GPS: 48.70841, 8.72771)
ÖPNV: Bus 670 DB Bahn Regiobus oder Bus 763 DB Bahn Regiobus bis Calw, Zentraler Omnibusbahnhof/Bahnhof, dann Fußweg durch die Unterführung Richtung Marktbrücke, geradeaus Richtung Marktplatz, dann die Salzgasse bergauf zum Stadtgarten (Hinweisschilder im Stadtgarten bis zum Ausgangspunkt)

ESSEN & ENTSPANNEN:
Wanderheim Zavelstein ❽ Fronwaldstraße 48, 75385 Bad Teinach-Zavelstein, Tel. (0 70 53) 9 29 40 oder 88 31, www.berlins-hotel.de/Restaurants/Das-Wanderheim-in-Zavelstein (Di.–So. 11–21 Uhr, Mo. Ruhetag außer an Feiertagen)

ENTDECKEN & ERLEBEN:
Steinerne Bank ❶
Hermann-Hesse-Weg ❷
Gimpelstein ❸
Calwer Schafott ❹
Butterstaffeln ❺
Rötelbach ❻
Stubenfelsen ❼
Wölfles Brunnen ❾
Wildschweingehege ❿

- 12,8 Kilometer
- 565 Höhenmeter
- 4,25 Stunden
- Rundweg

Blick ins Tal

Auszeittour 4

Ruhe und Romantik
Schliffkopf und Allerheiligen

Gerade um die Mittagszeit ist es manchmal nicht einfach, bei der **Klosterruine Allerheiligen** einen Parkplatz zu finden. Aber da wir unsere Wanderung später mit einem Essen in der **Gaststätte Allerheiligen** enden lassen wollen, lassen wir diese erste Sehenswürdigkeit zunächst links liegen. Dann spazieren wir los. Wir müssen die Brücke, über die wir eben mit dem Auto gefahren sind, Richtung Straße überqueren, am großen Werbeschild des **Klosterhofs Allerheiligen** rechts abbiegen und einen grasbewachsenen Pfad bergab gehen. Die Ruine liegt jetzt rechts von uns. Wir biegen nicht zum Klosterhof Allerheiligen ab, sondern wandern links aufwärts. Die erste Sehenswürdigkeit ist eine beschilderte **Weißtanne** ❶ – der

Klosterruine Allerheiligen

Baum des Jahres 2004. Für unsere knapp 13-Kilometer-Wanderung orientieren wir uns am Wanderschild Renchtalsteig, gekennzeichnet durch die Buchstaben „rs" und einen schwarzen Richtungspfeil. Gleich überqueren wir die **Kreisstraße 5370** bei einer Bushaltestelle und sehen gegenüber ein weißes Schild mit unserem ersten Ziel: Schliffkopf. Allerdings ist das „Sch" verdeckt. Wir laufen auf einem Wiesenpfad und sehen schnell die Ruine, die links unterhalb von uns liegt. Das Springkraut (Himalaya-Balsamine) verdrängt die einheimischen Sorten (manchmal liegt es

Auszeittour 4

herausgerissen am Boden), aber auch die gewohnte schwüle Sommerhitze aus dem Tal weicht der frischen und kühleren Waldluft in der Höhe.

Spätestens nach 10 Minuten ist einem auch bei bedecktem Himmel und nicht so hohen Temperaturen warm vom Aufstieg. Wir naschen von den aromatischen Himbeeren, die den Weg säumen und sich praktischerweise in Greifhöhe befinden. Zugreifen und Wohlfühlen, so könnte man das Wandern bald umschreiben, es wachsen viele Beerensorten: Brombeeren, Erdbeeren, Heidel- und Himbeeren.

Immer wieder müssen wir einige entwurzelte Bäume übersteigen. Was die Ordnungsliebenden als unaufgeräumt empfinden, ist mehr als Natur, es ist die naturbelassene Natur des **Nationalparks Schwarzwald**. Während wir höher und höher steigen und die vielen Bäume wahrnehmen, fühlen wir uns verwurzelt im Augenblick und beheimatet.

Auf dem Schliffkopf

Schliffkopf und Allerheiligen

❀ Für die Seele

Wir schwitzen beim Anstieg, fühlen uns am Schliffkopf geborgen und glücklich, erfrischen uns an den Wasserfällen Allerheiligen und lassen es uns am Ende richtig schmecken.

Nach einer Dreiviertelstunde verlassen wir den Pfad nach rechts auf einen breiten Schotterweg und verweilen kurz an einem Hochsitz, um zu verschnaufen. Wir kommen an den **Fuchsbühlweg,** gehen immer weiter bergauf und stellen fest, wie ruhig es inzwischen geworden ist. Die Motorräder, die durch die Gegend brausen, klingen jetzt eher wie ein Summen und nicht wie unangenehmer Motorenlärm. Es vermischt sich mit dem Summen der Hummeln und Bienen, bis wir eben nur noch das wahrnehmen: Hummelbrummen und Bienensummen. In knapp 900 Meter Höhe gesellt sich Kuhglockenbimmeln aus dem Tal hinzu.

Wir kommen an die **Jakobshütte** ❷, der gegenüber Schilder stehen, es sind nur noch 400 Meter zum **Schliffkopf,** der ebenfalls zu einem Rundweg einlädt. Wir biegen rechts ein, um die letzten Höhenmeter anzugehen. Wenn man die Wanderung gemütlich angeht, erreicht man nach ungefähr 1,5 Stunden den **Schliffkopf** ❸. Sofort wird einem klar, warum uns dieser Ort oft besonders ans Herz gelegt wurde. Was für ein wunderschöner Flecken Erde für eine Auszeit. Die Weite, die uns empfängt, weitet einem das Herz, und man fühlt eine wohlige Geborgenheit. Fast meinen wir, in der norddeutschen Heide gelandet zu sein. Aber hier ist es noch besser, denn in dieser Heide ist es warm, und wir sind hoch oben, auf 1055 Meter. Heidelbeeren, Heidekraut und rosa Schafgarbe betten sich in das Wiesenbild ein, und auch der steinige Pfad passt mit seinen Grautönen wunderbar in die dezente

Auszeittour 4

Landschaft. Hier braucht es keine knalligen Farbtupfer, sie würden nur ablenken von diesem Schauplatz der Großzügigkeit. Wir bleiben gerne.

Beim Weiterwandern entdecken wir das **Schliffkopfhotel** auf der linken Seite. Die Lage ist hervorragend, denn dieser Ort ist perfekt, auch weil man ihn zu Fuß erreicht hat. Schritt für Schritt zur Ruhe kommen, das ist unser Weg heute, der uns schließlich rechts weiterführt. Wir folgen unter anderem der roten Raute, dem sogenannten **Westweg,** aber auch das vertraute „rs" können wir nach wie vor auf den Schildern entdecken. Wir verlassen den Schliffkopf und seinen Rundweg nach rechts und folgen weiter der roten Raute. Auf einem Stein rechter Hand stehen – relativ schlecht zu lesen – die Wörter: Ruhestein, Zuflucht. Daran vorbei, dürfen wir leicht bergab gehend die Aussicht genießen. Nachdem wir durch ein Tor hindurchgegangen sind, machen wir auch noch einen Abstecher nach rechts zur **Aussichtsplattform Steinmäuerle** ❹. Diese wurde 2004 von Azubis des Forstreviers Allerheiligen erbaut.

Nach dem Abstecher folgen wir dem **Westweg,** wir können uns an der Aufschrift **Schwabenrank** 2,4 Kilometer orientieren. Gleich folgt rechts ein Schilderbaum, links steht ein Stein im Gras: Die Ortsnamen

Aussichtsplattform Steinmäuerle

Schliffkopf und Allerheiligen

Zuflucht und Kniebis sind zu lesen. Es folgt ein steiniger Pfad parallel zur **Schwarzwaldhochstraße (B 500).** Wir befinden uns hier in der Gegend, in der damals der Sturm Lothar gewütet hat. Ein paar Schritte, und wir biegen wieder rechts ein und folgen der roten Raute.

Wir bewandern einen breiten Schotterweg, linker Hand ist das **Wildtierschutzgebiet.** Weiter auf diesem Weg kommt nach wenigen Minuten ein wunderschöner Aussichtsplatz, danach geht es bergab. In der Ferne dreht sich ein Windrad: Ganz in der Nähe entdecken wir eine Bank mit Blick ins Renchtal. Wir setzen uns kurz und gehen nach der kurzen Pause weiter zur

Wahlholzhütte

Schwabenrankhütte 5. Nach der Hütte müssen wir eine scharfe Rechtskurve nehmen. Wir orientieren uns jetzt am Hinweis auf der Rückseite des Schilderbaumes: Allerheiligen 4,5 Kilometer. Somit verlassen wir den **Westweg** und folgen dem **Schwabenweg.** Uns beeindrucken die riesigen Steinformationen rechts am Hang. Könnten sie nicht jederzeit herabstürzen?

An der **Wahlholzhütte 6** präsentiert sich ein wunderbarer Rastplatz. Überall möchte man sich setzen, weil es so einladend ist. Aber es locken die Wasserfälle mehr und mehr, und auf dem Wanderschild heißt es: Wasserfallparkplatz 2,5 Kilometer, Allerheiligen 4,5 Kilometer. Wir wandern den Weg rechts an der Hütte vorbei, dieser asphaltierte Weg gabelt sich: Wir nehmen den rechtsseitigen und bemerken die gelbe Raute am Baum. Der Weg mit der gelben Raute zweigt dann nach links ab, wir bleiben aber auf der asphaltierten Straße geradeaus abwärts. Etwas weiter unten gehen wir wieder in den Wald hinein. Es geht doch sehr steil bergab, aber es fahren keine Autos. Wir bleiben abwärts immer auf dem asphaltierten Weg, laufen an Häusern vorbei,

Auszeittour 4

linker Hand ist der **Fischerhof der Familie Fischer.** An einer scharfen Rechtskurve steht wieder ein Schild, nur noch 1,2 Kilometer sind es bis zum Wasserfälleparkplatz entfernt, bis Allerheiligen noch 3 Kilometer.

Und dann hören wir das Wasser, sehen es, gehen rechts auf dem Wiesenweg hinunter, um anschließend den Wasserfall bis zur Klosterruine Allerheiligen hinaufzulaufen, wo wir zum Abschluss essen werden. Schilder informieren wieder über die Entfernungen. Zum Parkplatz sind es ab hier noch 400 Meter, die Wasserfälle erreicht man in 800 Metern. Aber man hört sie so deutlich, dass man die Schilder gar nicht mehr braucht. Wenn wir jetzt in den Wald hineinkommen, gehen wir aufwärts den schmalen Pfad nach rechts, eine blaue Raute an einem Baum zeigt uns, dass wir richtig sind. Schon nach wenigen Metern sehen wir linker Hand den **Wasserfallparkplatz,** danach ein riesiges Schild: **Allerheiligen Wasserfälle** ❼. Die Geräusche, die nach kühlem Frisch klingen und in unseren Gehör-

Die Allerheiligen-Wasserfälle sind die höchsten naturbelassenen des Schwarzwaldes. Durch ihr Eingraben in den Felsen entstanden tiefe Auskolkungen (Gumpen) unter den Katarakten, man nennt sie auch Büttensteiner Wasserfälle oder die Sieben Bütten.

Allerheiligen Wasserfälle

Schliffkopf und Allerheiligen

gang dringen, verleihen uns ganz neue Energie. Genau richtig. Schon gleich am Eingang beeindruckt uns eine riesige Steinwand rechter Hand. Nun wollen wir schnell zum Wasser, aber nicht nur wir, denn viele Ausflüglerfamilien sind ebenfalls anzutreffen.

Als wir in ein circa 2 Meter tiefes Becken sehen, in dem sich das Wasser sammelt, möchten wir am liebsten hineinspringen. Aber das ist nicht erlaubt. So schauen wir zu, wie das Wasser in mehreren Straßen hinabläuft, sich unterwegs immer mal wieder vereint und am Ende eins ist im Becken. Schön. Und so endet die Tour mit dem Bestaunen der Wasserfälle (eigentlich Büttensteiner Wasserfälle, 1840 erschlossen) des Schwarzwaldes, die nicht umsonst die schönsten genannt werden! Wir steigen die beeindruckenden Steintreppen hinauf. An einem Verweilpunkt lesen wir vom „steinernen Bild":

„Ein junger Steinmetz lebte mit einer Zigeunerin in einer Höhle zusammen. Eines Nachts verließ sie ihn heimlich. Aus Gram band er ein Seil an eine Tanne, ließ sich die Steilwand hinunter und meißelte das Antlitz seiner Geliebten in den Felsen. Dann schnitt er das Seil durch und stürzte sich zu Tode."

Angestrengt schauen wir, sehen aber das Bild, das sich am Hang gegenüber befinden soll, nicht. Schade. An einigen Stellen wird darauf hingewiesen, die Wege nicht zu verlassen. Es gibt aber Möglichkeiten, über Steine ans Wasser zu kommen, ohne der Natur zu schaden. Denn unsere Füße wollen nach diesem 12-Kilometer-Marsch gerne vom kühlen Nass verwöhnt werden. Das tut gut.

Nun ist es nicht mehr weit bis zur **Gaststätte.** Auf dem Weg dorthin besuchen wir natürlich noch das **Eh-**

Uta von Schauenburg gründete im 12. Jahrhundert das Kloster Allerheiligen. Sie soll einen Esel ausgeschickt haben, der einen Geldsack oberhalb Allerheiligen abwarf. Da dort keine Klosteranlage gebaut werden konnte, errichtete man eine Kapelle.

Auszeittour 4

renmal des Schwarzwaldvereins am Hang, das 1925 durch den Freiburger Architekt Merkle errichtet wurde. Doch bevor wir die Ruine und das Drumherum besichtigen, gönnen wir uns in der **Gaststätte Kloster Allerheiligen ❽** Forelle, Schupfnudeln und zum Nachtisch eine Schwarzwälder Kirschtorte, bevor wie den letzten Rundgang unserer Tour durch die romantische Landschaft mit **Klosterruine ❾,** Klosterhof und natürlich Klosterkiosk wagen.

Unser Mitbringsel von hier, den Bernstein-Marille-Schnaps, tragen wir zum Auto. Den eben probierten „Frauenschnaps" (so die Chefin) – mit Nuancen von Marzipan und Holunderblüten – werden wir daheim beim Bilderwandern genießen.

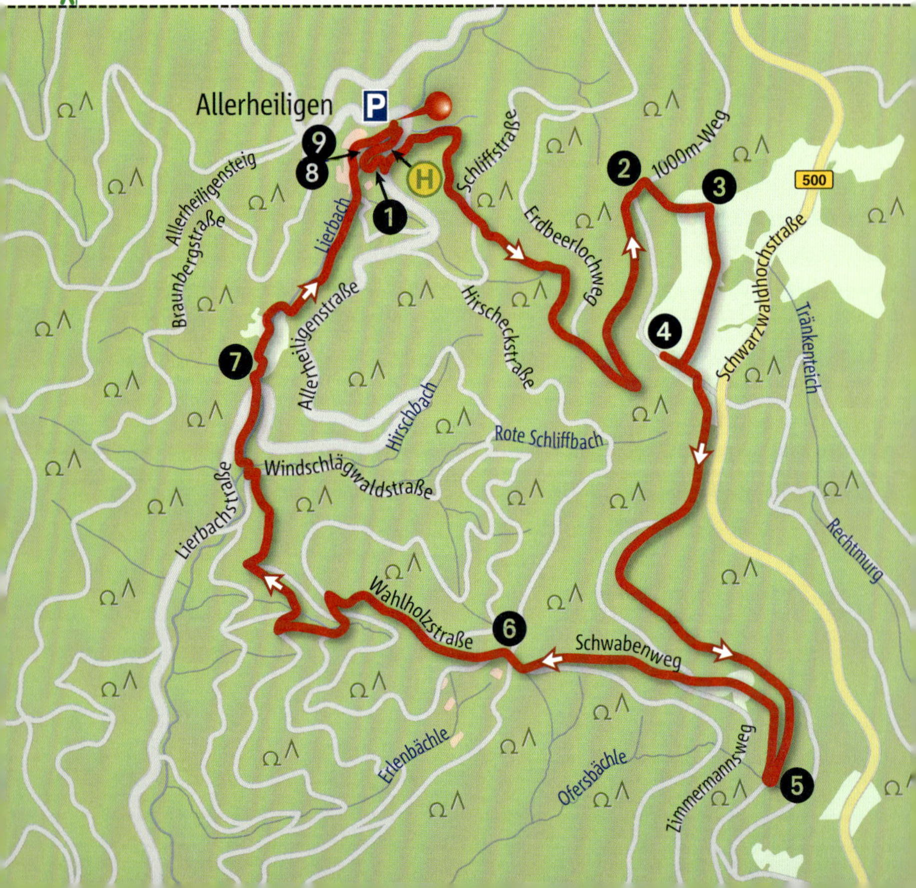

Alles auf einen Blick

Entspannung ✺✺✺✺✺
Genuss ✺✺✺✺✺
Romantik ✺✺✺✺✺

WIE & WANN:
Waldwege, schmale Pfade, die teilweise steinig sind, Straße.
Beste Wanderzeit von April bis Oktober

HIN & WEG:
Auto: Wanderparkplatz vor Kloster Allerheiligen (GPS: 48.76272, 8.26442)
ÖPNV: Von Oppenau mit der Panoramalinie 7125 (nur an Wochenenden und Feiertagen von Mai bis November) bis Haltestelle Allerheiligen

ESSEN & ENTSPANNEN:
Gaststätte Kloster Allerheiligen ❽ Allerheiligen 6, 77728 Oppenau,
Tel. (0 78 04) 12 00, www.kloster-allerheiligen.de (Mo.–So. 11–18 Uhr)

ENTDECKEN & ERLEBEN:
Weißtanne ❶
Jakobshütte ❷
Schliffkopf ❸
Aussichtsplattform Steinmäuerle ❹
Schwabenrankhütte ❺
Wahlholzhütte ❻
Allerheiligen Wasserfälle ❼
Klosterruine Allerheiligen ❾

- ❇ 12 Kilometer
- ❇ 530 Höhenmeter
- ❇ 4 Stunden
- ❇ Rundweg

Aufstieg zum Bernstein

Panoramatour 5

Ausgangspunkt unserer Wanderung ist die Wallfahrtskirche **Maria Hilf ❶** in der **Herrenalber Straße** in **Moosbronn,** zu der jährlich knapp tausend Wallfahrer pilgern.

Wo der Weg für andere endet, fängt unserer erst an. Wir laufen an der Kirche vorbei und biegen kurz darauf nahe der Bushaltestelle links ab in die Natur. Als

Auf dem Grenzweg
Großherzogtum oder Königreich

Orientierung dient uns das übersichtliche Wanderschild, das unser Zwischenziel vermerkt hat: den Mahlbergturm. Zwischen Weidewiesen geht es leicht bergauf, und wenn wir am Friedhof angelangen, haben wir bereits einen guten Blick hinab auf **Moosbronn.** So schnell sind wir aufwärts gekommen, das tut gut. Jetzt biegen wir links ab. Es geht auf den Wald zu. Wenn wir nach ein paar Schritten links am Baum die gelbe Raute entdecken, biegen wir scharf rechts ein. Hier haben wir zwei Möglichkeiten. An der Kurve folgen wir dem Weg nicht weiter nach oben, sondern halten uns rechts, weil wir nach wenigen Metern den schmalen Pfad nach links bergauf gehen und der blauen Raute auf dem Hinweisschild folgen wollen. Während wir Höhenmeter erklimmen, erhaschen wir – so die Bäume die Sicht freigeben – einen Blick auf **Freiolsheim.** Wenn der Pfad endet, müssen wir wieder rechts abbiegen. Linker Hand erkennen wir die blaue Raute, die uns gleich wieder den schmalen Pfadweg links hinaufschickt.

Alternativ können wir dem Weg an der Kurve folgen und nehmen erst mal die Route mit der gelben Raute. Dieser **Untere Mahlbergweg** hat auch seine Reize,

Die barocke Wallfahrtskirche Maria Hilf wurde 1749 eingeweiht, ihre Anfänge gehen ins Jahr 1680 zurück. Der Legende nach bat ein Bauernknecht in Lebensgefahr Maria, die Mutter Gottes, um Hilfe. 1683 stiftete er eine kleine hölzerne Kapelle, zu der bald Wallfahrer kamen.

Panoramatour 5

zudem steigt er weniger steil an. Seine Breite lässt uns Raum, einmal die Arme auszubreiten, als wollten wir durch den Wald schweben. Wir gelangen auch von hier aus zum Pfad der blauen Raute, sodass wir die letzten Meter zum Turm wieder der eigentlichen Route folgen, bevor wir ein paar Treppen steigen dürfen. Zunächst kommen wir am **Hildebrand-Brunnen** ❷ (1898) vorbei. Eine Bank lädt uns ein, wenigstens kurz anzuhalten und dem Plätschern aus dem Hahn zu lauschen. Dann folgen wir weiterhin der blauen Raute und dem Hinweis: „Mahlbergturm steiler Weg", alternativ ist auch die leichtere Variante ausgewiesen: „Mahlbergturm bequemer Weg". Letzterer ist etwas länger.

Und dann haben wir ihn erreicht, den Gipfel des Berges mit dem **Mahlbergturm** ❸ im Nordwesten des Nordschwarzwaldes. Allemal lohnt sich die Aussicht von dort oben, für die es aber 160 Stufen zu bewältigen gilt. Auf der Wendeltreppe kann einem schon einmal schwindelig werden, wir schauen hier und da aus einem der eingelassenen Fenster, freuen uns über die bereits erlangte Höhe und halten etwas inne, bevor wir hinaufsteigen. Oben belohnt uns der Blick tau-

Mit 613 Metern beansprucht der Mahlberg für sich den Titel „Höchste Erhebung im baden-württembergischen Landkreis Karlsruhe". Der Turm entstand 1896 und wurde im Zweiten Weltkrieg stark beschädigt. Der neue Karlsruher Turm wurde schließlich 1962 eingeweiht.

Mahlbergturm

Großherzogtum oder Königreich

sendfach: Besonders wenn Nebelschwaden den Turm geheimnisvoll umkreisen. Bei freier Sicht sehen wir auf den Wegen und Straßen Wanderer und Autos – so klein, als blickten wir auf ein Spielzeugland. Wir genießen einen wunderbaren Rundumweitblick – sei es ins **Murgtal** oder ins **Moosalbtal.**

Man möchte die Aussicht am liebsten einatmen.

Für die Seele

Vom Mahlbergturm und Bernsteinfels können wir sogar bis Frankreich sehen. Diese Weitblicke sind ein großes Glücksgefühl, denn hier steht und sieht es sich wie Gott in Frankreich.

Ist der Himmel wanderfreundlich wolkenfrei, streift unser Blick die **Oberrheinische Tiefebene,** und es zeigen sich die **Vogesen,** der **Pfälzer Wald** und sogar der **Kraichgau** und der **Odenwald.**

Bevor wir hinabsteigen und unseren Weg zum Bernsteinfels fortsetzen, halten wir am Grab zweier Soldaten inne, die im April 1945 beim Beschuss des Turms ums Leben kamen.

Weiter geht es über den **Mönchkopfsattel** zu unserem nächsten Ziel, dem Bernsteinfels in Gaggenau. Wir kommen an eine Abzweigung und müssen mehr oder weniger geradeaus den Weg abwärts der blauen Raute nach. Dann kommen wir an den **Gemarkungsstein von 1791**, direkt danach kommen wir an einen schmalen Weg. Wir müssen uns links halten. Und ein paar Meter weiter liegt rechter Hand eine **Gedenkstätte von 1826** ❹.

Wir laufen den **Richard-Massinger-Weg,** treffen nun immer wieder auf das Schild: **Historischer Grenzweg** und stoßen auf die **Wasenhütte** ❺. Außerdem kreuzt der **Wallfahrtsweg** den unseren, man erkennt ihn an der roten Schrift und der abgebildeten Kapelle. Er führt an der ehemaligen Zollstation zwischen dem Großherzog-

In Moosbronn verlief die Grenze zwischen Baden und Württemberg mitten durchs Dorf, die Landesgrenzsäule zeugt noch davon. Die sogenannte Wespentaille des alten Landes Baden lag auf der Michelbacher Gemarkung.

Panoramatour 5

tum Baden und dem Königreich Württemberg vorbei.

Unterwegs lädt die **Dowallhitt** ❻ – die Tannenwaldhütte – vor allem an heißen Tagen zum Verweilen ein, denn unterhalb befindet sich die **Quelle der Dowall-Hexen.** Wir denken bei Hexen vielleicht an Hänsel und Gretel, weil uns auch der Tannenwald so in Märchenstimmung versetzt. Die Hütte, die erstmals im Jahr 1856 Erwähnung fand, wurde im Dezember 1999 vom bekannten Sturm Lothar zerstört. Aber inzwischen wiederaufgebaut, ist auch dies längst Geschichte.

Wir gehen weiter auf dem **Richard-Massinger-Weg,** bis wir rechter Hand einige Wegweiser und die Angabe „Bernsteinfels 1,8 Kilometer" entdecken. Hier biegen wir in steilem Winkel links ab. Kurz danach nehmen wir rechts einen schmalen steilen Pfad. Es sind nur noch ein paar Meter. Der Wind rauscht durch die Bäume, es klingt wie am Meer. Und dann erreichen wir den 694 Meter über NHN gelegenen Berg Bernstein im Nordschwarzwald mit seinem wunderbaren

Dowallhitt

Großherzogtum oder Königreich

Aussichtspunkt auf dem 6 Meter hohen **Bernsteinfels** ❼ aus Buntsandstein.

Das Naturdenkmal beherbergt ein 3 Meter hohes **Steinkreuz von 1877.** Außerdem gibt es zur Orientierung eine Panoramatafel. An Tagen mit klarer Sicht können wir sogar das **Straßburger Münster** sehen, es liegt immerhin 54 Kilometer entfernt. Wer gute Augen hat, kann bis zu 180 Kilometer in die Ferne blicken.

Als sich der Oberrheingraben vor etwa 50 Millionen Jahren absenkte, wurden mächtige Buntsandsteinblöcke freigelegt, aus denen später der Bernsteinfels entstand.

Unser Sehsinn ist nun satt. Wir steigen den Felsen hinab und tragen uns in der **Bernsteinhütte** ❽ ins Bernstein-Gipfelbuch ein. In der Hütte hängt eine Tafel mit Informationen über die faszinierenden Weitsichten, die man vom Bernstein aus hat. Für uns geht's nun glücklich und mit Wissen bereichert weiter. Wir folgen jetzt der gelben Raute zum nahe gelegenen **Mauzenstein** ❾, zu dem es nach rechts einen Weg hineingeht. Nach wenigen Metern erreichen wir dieses Naturdenkmal. Auf einer Höhe von 704,8 Meter über NHN schlägt der Grenzstein von Baden und Württemberg auf dem Tannschachberg den Bernsteinfels um ein paar Meter. Er soll früher dem Astralkult gedient haben. Nach diesem kleinen Abstecher gehen wir wieder zurück, überqueren den Gelbe-Rauten-Weg und begeben uns auf das **Bernbacher Steigle.** Es ist steil und felsig. Wir überqueren mehrere Wege, folgen aber weiter der gelben Raute. Der letzte Weg dieser Tour, den wir überqueren, ist der **Spitzweg,** an dem zu unserer Linken die **Spitzweghütte** ❿ steht. Im Dorf geht es nach der Kirche links ab in die **Frauenalber Straße.** An der Festhalle biegen wir links ab in Richtung **Moosbronn.** Das Ende dieser Tour naht, aber wir fühlen uns befreit vom Alltagsmüll. Frei ist auch der Blick über die Felder und Wiesen, auf denen manchmal Pferde grasen. Wir verlassen den Weg mit der gelben Raute, die nach rechts zeigt, und gehen geradeaus weiter. Zur Rechten begleitet uns der Wald noch ein Stück. Für eine Kleinigkeit wie eine Erbsensuppe und eine Saftschorle können wir im **Naturfreundehaus Moosbronn** ⓫ einkehren.

Auf den letzten Metern zum Ausgangspunkt kom-

Blick vom Mahlbergturm

Panoramatour 5

Die Küche im Hotel Restaurant Mönchhof ist gut badisch, regional und saisonal mit unverkennbaren elsässischen, schweizerischen und schwäbischen Einflüssen. Hier wurde auch die SWR-Fernsehserie „Fest im Sattel" gedreht.

men wir am **Lindenbrunnen** ⓬ vorbei. Hier soll eine mächtige Linde gestanden haben, in deren Stamm man ein Marienbild fand. Dem Wasser wird demnach eine heilende Wirkung zugesprochen. Eine vom Alltagsstress heilende Wirkung hatte in jedem Fall unsere Wanderung, die wir schließlich mit einem Besuch in der barocken Kirche beenden wollen. Entweder danken wir für den gelungenen Tag, oder wir bestaunen einfach nur die schmucke Ausstattung. Golden glänzt es darin wie zuvor auf unserem Weg, wenn Sonnenstrahlen die Baumlandschaften durchdrangen. Richtig aber sollte für uns dieser herrliche Tag heute im Hotel **Restaurant Mönchhof** ⓭, das nach dem **Hausberg Mönchkopf** benannt wurde, enden. Hier kann man die Wanderung nämlich ganz herrlich ausklingen lassen.

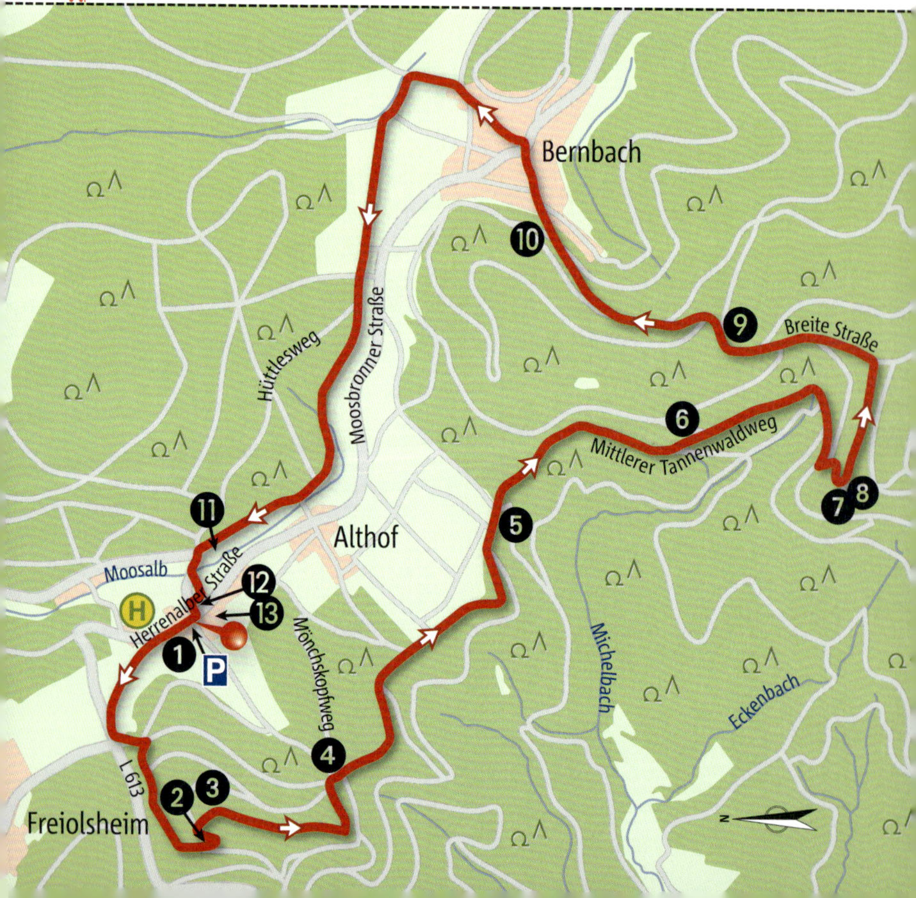

Alles auf einen Blick

WIE & WANN:
Viele schmale Pfade und Waldwege. Beste Wanderzeit von März bis Oktober

HIN & WEG:
Auto: öffentlicher Parkplatz Wallfahrtskirche Maria Hilf,
Herrenalber Straße 14, 76571 Gaggenau-Moosbronn
(GPS: 48.83697, 8.38766)

Entspannung ✸✸✸✸✸
Genuss ✸✸✸✸✸
Romantik ✸✸✸✸✸

ÖPNV: Von Rastatt, Bahnhof S8 Richtung Bondorf bis Bahnhof Gaggenau, dann Bus 253 Richtung Völkerbach Am Sportplatz bis Moosbronn Kirche

ESSEN & ENTSPANNEN:
Naturfreundehaus Moosbronn ⓫ Moosalbtalstraße 3, 76571 Gaggenau-Moosbronn, Tel. (0 72 04) 2 28 (Sa., So. und an Feiertagen)
Hotel Restaurant Mönchhof ⓭ Mönchskopfweg 2, 76571 Gaggenau-Moosbronn, Tel. (0 72 04) 6 19, www.hotel-moenchhof.de (Mi.–So. 10–22 Uhr, Mo., Di. Ruhetag)

ENTDECKEN & ERLEBEN:
Wallfahrtskirche Maria Hilf ❶ Herrenalber Straße 14, 76571 Gaggenau-Moosbronn
Hildebrand-Brunnen ❷
Mahlbergturm ❸
Gedenkstätte von 1826 ❹
Wasenhütte ❺
Dowallhitt ❻
Bernsteinfels ❼
Bernsteinhütte ❽
Mauzenstein ❾
Spitzweghütte ❿
Lindenbrunnen ⓬

- 10,4 Kilometer
- 610 Höhenmeter
- 3 Stunden
- Rundweg

Panoramatour 6

Wir starten unsere Wanderung in **Loffenau** am Kurpark. Fachwerkhausidylle und herzlich hergerichtete Privatgärten stimmen uns auf die Tour ein. Die Wanderschilder Nähe des Parkplatzes sind nicht zu übersehen, unser Hauptziel heute lautet **Teufelsmühle.** Unsere Wegweiser sind sowohl Schilder mit blauer als auch

Geheime Kammern
Im Zickzack zur Teufelsmühle

gelber Raute. Wir folgen dem **Kändelweg** durch den Ort, rechts stoßen wir auf die **Ringstraße,** in die wir einbiegen, wenn sie das zweite Mal rechts erscheint.

Sogleich sind wir in der Natur. Nach nur ein paar Metern lädt eine Bank schon zum Verweilen ein, aber da wir gerade erst gestartet sind, laufen wir auf Höhe der Bank halb links weiter zwischen Wiesen und Bäumen hindurch und gelangen schließlich auf eine asphaltierte Straße, der wir nach rechts hinauf folgen. Gleich an der ersten Kurve steht die nächste Bank. Wir setzen uns kurz und bestaunen – das Bachplätschern im Ohr – die Schönheit der Natur. Dann geht es weiter, und wir lesen auf einem Wanderschild unser erstes Zwischenziel: die **Illertkapelle.** Auf dem Weg dorthin kommen wir an einem bemoosten Stein vorbei. Es ist das Grab eines Kaufmannssohnes aus Hamburg, der sein Leben im Freischaren-Krieg 1848 ließ. Wir halten für eine Gedenkminute inne. Da wir bisher bergauf gelaufen sind, haben wir von hier aus rechter Hand schon einen Blick auf **Gernsbach.** Linker Hand liegt auf 394 Höhenmetern die **Illertkapelle** ❶ von **Lautenbach.**

Von dort kann man über Berg und (Murg-)Tal bli-

Panoramatour 6

1865 ließ eine Lautenbacherin ein Madonnenbild auf dem Berg anbringen, damit die Menschen hier beten konnten. So zahlreich suchten sie Ruhe, dass hier bald eine Kapelle errichtet wurde, die Illertkapelle.

cken. Ewig könnten wir hier sitzen bleiben und schauen, aber wir lassen die Kapelle bald hinter uns und folgen dem etwas schmaleren Weg weiter hinauf in den Wald. Aber mit Vorsicht, denn es ragen sehr viele Baumwurzeln aus dem Boden, und so kann man leicht stolpern. Im Wald angekommen, wird unser Weg – der **Illert-Weg,** wie an einem Baum zu lesen ist – um einiges breiter. Es geht stetig bergauf, dann wird es ebenerdig, und wir laufen ein Stück auf weichem Waldboden, der uns ein Gefühl von Leichtigkeit vermittelt. Hier gibt es Tannen-, Laub- und Birkenbäume. Wir genießen diese Abwechslung und stoßen auf mehrere Schotterwege, die wie zwei U's aussehen, die sich an der Unterseite berühren. Ein Schild mit einer gelben Raute weist uns die Richtung zu einem schmalen Pfad, den wir links bergauf gehen. Obacht: Der Waldboden ist mit Zapfen übersät. Unterwegs bestätigen uns Wanderschilder regelmäßig, dass wir auf dem richtigen Weg, dem **Zickzackpfad** zur Teufelsmühle, sind. Zunächst erreichen wir die **Michelsrank Hütte** ❷ und wäh-

Illert-Kapelle

Im Zickzack zur Teufelsmühle

nen uns schon am nächsten Etappenziel. Immerhin haben wir es nun schon auf 760 Höhenmeter geschafft. Von hier aus haben wir einen Drei-Städte-Blick: **Loffenau, Gernsbach, Gaggenau.** Da die Teufelsmühle nur von Freitag bis Sonntag bewirtet wird, empfiehlt es sich, hier Rast zu machen, wenn man an anderen Tagen unterwegs ist. Es gibt sogar eine Feuerstelle. Doch egal,

 ## Für die Seele
Am Startplatz für Drachen- und Gleitschirmflieger breiten wir einfach mal die Arme aus und stellen uns vor, wir könnten fliegen.

ob wir vespern möchten oder nicht, an diesem Platz schenken wir uns ein paar Wohlfühlminuten. Bevor es weitergeht, probieren wir natürlich noch die breite Bank, auf die man sich regelrecht legen kann.

Das Wanderschild an der Straße zeigt uns, dass es nur noch 300 Meter bis zur Teufelsmühle sind. Je weiter wir bergauf steigen, desto schneller geht es bergab mit Gedanken an unseren alltäglichen Stress. Wir kommen den Weg mit den Birken entlang. Wir befinden uns aber noch immer auf dem **Zickzackpfad,** auch wenn einem hier der Name Birkenweg fast sinniger erscheint, denn der Pfad ist gesäumt von den typisch weißen Stämmen. Zwischen den Bäumen geben immer wieder Lücken den Blick ins Tal frei. Bevor wir nun endlich zur Mühle kommen, schauen wir uns den **Startplatz der Drachen- und Gleitschirmflieger** an und tun einfach mal so, als könnten auch wir abheben und loslassen. Der Wind pfeift hier oben schon ganz ordentlich, mal schiebend als Starthilfe von hinten, mal kommt er von vorne, als wolle er uns den Anstieg durch eine Erfrischung erleichtern. Das tut gut! Leichtfüßig schaffen wir die letzten Meter nach oben. Da steht sie, die

Panoramatour 6

Der Sage nach wettete der Teufel mit dem Müller, das gesamte Korn zu mahlen, bevor der erste Hahn kräht. Es krähte sehr früh der Müller selbst – er hieß Hahn – und der Teufel verlor. Aus Sandsteinblöcken wie hier baute er darauf die Mühle.

Teufelsmühle ❸, stolze 908 Meter über NHN. Die freie Sicht in die Ferne lässt uns erhaben auf manche Mühsal blicken. Wem es noch immer nicht hoch genug ist, der besteigt den Turm, wenn dessen Tür offensteht. Doch auch so ist die Aussicht grandios. Das **Murgtal,** die **Rheinebene** bis hin zu den **Vogesen** – all das liegt uns zu Füßen. Nach einer Stärkung im **Höhengasthaus Teufelsmühle** ❹, das von der anderen Seite auch mit dem Auto erreichbar ist, machen wir uns nun an den Abstieg. Wir folgen der Straße bis zur **Heinz-Deininger-Sternwarte** ❺ der Astronomischen Vereinigung Karlsruhe.

Der breite Weg links der Sternwarte lädt uns ein, ihm zu folgen, was wir gerne tun. Doch wir müssen aufpassen, um den Baum linker Hand mit der blauen Raute nicht zu übersehen. Hier biegen wir nämlich links ein. Es geht bis zur nächsten blauen Raute steil

Teufelsmühle

Im Zickzack zur Teufelsmühle

Bei den Teufelskammern

bergab. Erneut stoßen wir auf den breiten Waldweg, dem wir nach links folgen. Dort, wo zwei Bänke stehen, führt unser Weg weiter steil bergab. Der Handlauf ist nicht umsonst angebracht, und wir sollten diese Gehhilfe gerne in Anspruch nehmen. Es sind nur ein paar Meter, dann können wir rechter Hand – vorausgesetzt, wir wagen uns um die enge Kurve – eine Art Höhle bewundern. Oder man kann einige Schritte weiter zum **Großen Loch mit Teufelskammern** ❻ abbiegen. Das Betreten ist wohlgemerkt aber auf eigene Gefahr. Eine Infotafel erzählt uns etwas über die Entstehung und Beschaffenheit dieses Gebietes.

Nach diesem Stopp gehen wir weiter bergab, bis uns das nächste Wanderschild mit blauer Raute verrät, dass es nur noch 3 Kilometer bis Loffenau sind. Nach nur wenigen Metern stoßen wir am **Rissmissweg** aber wieder auf die gelbe Raute. Wir folgen dem Weg so, dass wir rechter Hand den Hochsitz sehen.

Kurz bevor wir wieder nach **Loffenau** kommen, ragt rechts von uns eine Felswand empor. Wir folgen der breiten Straße, und wenn wir links das Schild „Panoramarunde" sehen, biegen wir noch einmal rechts ab und laufen das letzte Ende durch den Wald. Wenn wir ihn wieder verlassen, spazieren wir nicht links in den

Die Teufelskammern entstanden durch höhlenartige Vertiefungen im Gestein, dessen Schichten unterschiedlich hart waren. Sie liegen an einem steilen Hang, dem Waldbiotopen Großes Loch.

Blick von der Teufelsmühle ins Rheintal

Panoramatour 6

Ort hinein, sondern laufen um den **Landeplatz der Gleitschirmflieger** herum. Unser letztes Ziel ist die **Wassertretstelle,** die wir auf der rechten Seite sehen. Unsere herausgeforderten Waden erfreuen sich an dieser Kraftoase. Dann spazieren wir den **Heckenbrunnenweg** an den ersten Häusern vorbei. An einem Hof können wir frische Kuhmilch, Butter und Käse kaufen. An der Kreuzung **Neuer Schulweg** biegen wir in den Heckenbrunnenpfad ein. Wenn wir die Kirche rechter Hand sehen, biegen wir die nächste Straße rechts ein in die **Untere Dorfstraße.** Wem noch nach einer ausgiebigen Mahlzeit ist, biegt nun erneut rechts ab und kehrt im **Hotel-Restaurant Zur Sonne** ❼ ein. Für uns geht es links nur noch ein paar Meter weiter – und schon sind wir wieder am Ausgangspunkt.

Alles auf einen Blick

WIE & WANN:
Wald- und Wiesenwege, schmale Pfade, asphaltierte Straßen, beste Wanderzeit von März bis Oktober

HIN & WEG:
Auto: Parkplatz Kurpark, 76579 Loffenau (GPS: 48.77375, 8.38225)

Entspannung ✸✸✸✸✸
Genuss ✸✸✸✸✸
Romantik ✸✸✸✸✸

ÖPNV: Ab Karlsruhe Hbf. S81 Richtung Freudenstadt bis Bahnhof Gernsbach, dann Bus 244 bis Loffenau, Marktplatz

ESSEN & ENTSPANNEN:
Höhengasthaus Teufelsmühle ❹ Außerhalb 1, 76597 Loffenau,
Tel. (0 70 83) 83 02 (Fr.–So. ab 11 Uhr)
Hotel-Restaurant Zur Sonne ❼ Obere Dorfstraße 4,
76579 Loffenau, Tel. (0 70 83) 9 23 80, www.sonne-loffenau.de
(Mo., Do.–So. 11.30–14 u. 17–21 Uhr, Di. nur für Hotelgäste, Mi. Ruhetag)

ENTDECKEN & ERLEBEN:
Illertkapelle ❶
Michelsrank Hütte ❷
Teufelsmühle ❸
Heinz-Deininger-Sternwarte ❺
Großes Loch mit Teufelskammern ❻

- ❄ 11 Kilometer
- ❄ 300 Höhenmeter
- ❄ 2,5 Stunden
- ❄ Rundweg

Beim Panoramaweg

Panoramatour 7

Wir starten unsere Wanderung schräg gegenüber dem Parkplatz direkt an der **Schwanner Warte** ❶. Starten? Nein! Zuerst gönnen wir uns den Blick von der Warte aus. Wir sehen Himmel und Erde, befinden uns selbst irgendwo dazwischen, während unser Blick schweift. In die Ferne, in der die Häuser von

Im Tannengrün
Schwanner Warte bietet Weitblick

Straubenhardt ganz klein erscheinen, in die Nähe auf die Wiese vor uns, auf der die Baumschatten sich fächerartig ausbreiten und Schattenbilder in das Grün malen. Danach kann es losgehen.

An einem Baum rechts, wenn man vor der Warte steht und Straubenhardt im Rücken hat, ist das Schild **Eichwaldweg** angeschlagen, wir nehmen den Schotterweg gleich rechts davon. Schnell sehen wir eine blaue Raute, die uns die Richtung weist, und kommen wenig später an eine Kreuzung, an der wir rechts Richtung **Dennach** abbiegen. Hier wechseln wir auf die gelbe Raute. Es geht einen asphaltierten Weg – den **Sautriebweg** – bergab. Wenn wir das Schild **Parkplatz Wolfsgrube** sehen, müssen wir links wieder in den Wald in den **Rotenbachweg** einbiegen. An der gelben Raute und dem Anschlag **Bienenleistungen** ❷ biegen wir rechts ein, um etwas über diese fleißigen Insekten, die derzeit in aller Munde sind, zu erfahren. Der Imkerverein Neuenbürg betreibt diesen Lehrbienenstand in den Schwanner Schluchten. Auf einer Lichtung steht auch ein Lehrbienenhaus. Das Bienenhaus lassen wir links liegen. Wer seine Ohren spitzt, hört

Die Schwanner Warte ist der erste Aussichtsturm im Nordschwarzwald. Man kann von hier das Rheintal, die Pfälzer Berge, den Odenwald und teilweise die Vogesen sehen.

Panoramatour 7

jetzt ein Bächlein plätschern. Wir überqueren rechts eine beschauliche schmale Brücke, die über das Wässerchen führt. Wir folgen dem teilweise schlammigen und mit Laub bedeckten Pfad und kommen an eine breite Straße, auf einem Schild können wir lesen, dass wir nach **Dennach** rechts lang müssen. Wir überqueren die Hauptverkehrsstraße, um den Wanderweg, den **Scheppelesweg,** gegenüber zu nutzen. Bald wird er breiter und führt uns bergauf. Je höher wir gelangen, desto lauter wird das Gezwitscher der Vögel. An einer Straßenbiegung halten wir uns rechts und folgen der gelben Raute weiter hinauf. Nun hören wir aus den Vogelstimmen einzelne heraus, und das Klopfen ist unverkennbar dem Specht zuzuordnen. Kurzzeitig wird es anstrengender, aber nach dieser Steigung kommt heute keine nennenswerte mehr hinzu. Es wird zunehmend friedlicher, sodass wir unseren eigenen Atem wieder hören können.

Dann treffen wir auf einen Rastplatz. Von dort aus gelangt man auf der am Baum angeschlagenen historischen Route zur **Ruine Schwabentor.** Um sich die

Burg Straubenhardt

Schwanner Warte bietet Weitblick

Burg Straubenhardt ❸ vorzustellen, die hier im 11. Jahrhundert errichtet worden war, bedarf es einiger Einbildungskraft. Das Laienauge erkennt nur einen Hügel oder eine Anhöhe und sieht Steine scheinbar wahllos hingeworfen. Wir nehmen uns die Zeit und versuchen, uns Bilder von Burg und Burgleben in den Kopf zu rufen.

Für die Seele
Nach einigen großartigen Aussichten nehmen wir am Ende der Tour auf der Liegebank neben der Warte Platz und genießen dann von oben noch einmal einen großartigen Blick.

Nachdem wir ein wenig fantasiert haben, gehen wir wieder die wenigen Meter zurück zum Rastplatz, den wir hinter uns lassen. Leicht bergan wandern wir weiter. Wird die Strecke eben, sehen wir rechter Hand einen **Schildstein** ❹. Er markiert den **Grenzverlauf des sogenannten Badisch Durlacher Waldes.**

An einer Weggabelung lesen wir, dass wir auf dem **Kutschenweg** unterwegs sind. Nachdem wir eine Lichtung passiert haben, sehen wir die ersten Häuser von Dennach. Nach dem Sportplatz geht es links

Die Burg Straubenhardt liegt oberhalb der Mündung des Rotenbachs in die Enz. Sie war vom 11. bis 15. Jahrhundert bewohnt. Auf den Grundmauern des Bergfrieds sind inzwischen zwei Bäume gewachsen.

Panoramatour 7

Aussichtsturm Enzkreisspitze

hoch in die **Schwabstichstraße.** Wir beachten das Schild **Rund ums Dorf,** das nun unser Wegweiser sein wird. An einer grünen Bank müssen wir rechts. Eine weitere grüne Bank steht unter einer großen Kiefer bereit, wir setzen uns, um den Blick auf **Dennach** zu genießen. Oder wir schauen den Kühen zu, wenn sie gerade hier weiden. Dann lassen wir die Kuhweide rechts liegen und spazieren oberhalb des Dorfes. Rote Bänke laden noch einmal ein, nicht so schnell weiterzugehen.

Wenn der Weg endet, halten wir uns links, die gelbe Raute macht ein Verlaufen unmöglich. Gleich entdecken wir von Weitem erneut rote Bänke. Für ein paar Meter nutzen wir den **Westweg,** der mit der roten Raute gekennzeichnet ist. Wir befinden uns auf dem **Hirtenweg.** Rechts bietet sich noch einmal ein fantastischer Blick auf Dennach. Hier müssen wir uns einfach hinsetzen. Linksseitig zeigen sich die Windräder über den Schwarzwald erhaben, geradeaus sehen wir das Dorf, wenn wir aber wissen wollen, was sich in der Ferne befindet, können wir das am **Aussichtsturm Enzkreisspitze** ❺ nachlesen. Dort ist ein Blickwegweiser angebracht, der uns sagt, dass die **Vogesen** linker Hand liegen und der **Kraichgau** rechts liegt.

Schwanner Warte bietet Weitblick

Übrigens, wer nicht genug kriegen kann, der merke sich den **Westweg,** den wir nur streifen. Auf dem wirklich kleinen Teilstück, das wir diesen berühmten Weg entlangspazieren, befindet sich sogar ein **Schnullerbaum.** Wer sich wundert, dass hier Schnuller am Baum hängen, dem sei gesagt, dass es ein Brauch ist, der ähnlich funktionieren soll wie die Schnullerfee.

Wir setzen unseren Weg fort, überqueren die Hauptstraße und gelangen so auf das **Neusatzer Sträßle** und entdecken die gelbe Raute. Dann nehmen wir mit dem **Büchertweg** die nächste Möglichkeit nach rechts.

Am Schild Stichweg zum **Conweiler Stein** ❻ entscheiden wir uns für diesen Abstecher dorthin, es sind nur 500 Meter. Wenn der Weg endet, müssen wir uns links halten und der gelben Raute folgen. Das Naturdenkmal ist allerdings leicht zu übersehen, denn wir müssen nicht nach vorn, sondern zu unseren Füßen blicken, um die Blockhalde im mittleren Buntsandstein zu entdecken. Wir stehen obendrauf. Das Moos auf den Steinen wirkt einladend wie ein Sofasitzkissen. Das hier ist ein Aussichtspunkt mitten im Wald. Weil wir nun einen Blick über die Wipfel hinweg haben, fühlen wir uns genauso groß wie die Bäume um uns herum. Ein erhabenes Gefühl.

Conweiler Stein

Seitlich können wir gefahrlos hinabsteigen, das Denkmal vor Augen. Dann gehen wir den Stichweg zurück. Unser Weg führt uns nun nach links den Berg hinab. Neben uns ragen riesige Kiefern und Tannen in den Himmel, und es wird immer wärmer. Wie Christbaumkugeln hängen Nistkästen an Baumstämmen. Eine Amsel raschelt im Laub, ein Buntspecht hüpft über den Weg – und eine Elster mag ja alles Mögliche stehlen, die Ruhe hier wird sie uns jedoch niemals nehmen.

Panoramatour 7

Schließlich treffen wir auf einen pilzbefallenen Baumstumpf, der hier mitten im Wald seine Sonderstellung wie auf einer Verkehrsinsel gefunden hat. Wenn nicht gerade ein paar Mountainbiker vorbeifahren, herrscht nur der Verkehr der Muße. Unbedingt müssen wir uns hier hinsetzen, um etwas von dieser besonderen Atmosphäre, die rund um diesen Baumstumpf herrscht, im Gedächtnis abzuspeichern. Berührt man diesen Baum, berührt er einen auf seine Weise.

Wir schwenken nach links – es wird erst mal lichter – und laufen, bis wir wieder auf eine an einen Baum angeschlagene gelbe Raute treffen, über der der Wegweiser Holzbachtal/Langenalb angebracht ist. Hier müssen wir rechts runter, kommen an eine Kreuzung, überqueren diese und gehen mehr oder weniger geradeaus. Etwas versteckt ist die gelbe Raute

Jährlich: Sonnwendfeier im Juni, 24-Stunden-Wanderung und Drachenfest im Oktober, außerdem regelmäßig Gruppenwanderungen.

Eichwaldweg

Schwanner Warte bietet Weitblick

gegenüber am Baum angebracht, die uns wieder als Wegweiser dient.

Leichten Schrittes gelangen wir an die nächste Kreuzung. Schmetterlinge begleiten uns auf unserem Weg. Von hier aus geht es rechts an die **Quelle des Axtbaches ❼**, die wir uns anschauen.

Die wärmende Sonne, die ungehindert ihre Strahlen hierhin senden kann, lädt uns ein, eine Pause einzulegen. Wir sind schon viele Schritte gelaufen, mitunter etwas müde, da kommt uns die Erfrischung gerade recht. Ein paar Spritzer Quellwasser ins Gesicht, und schon sind wir wieder munter genug, um die letzten Meter anzugehen. Wir verlassen die Quelle, folgen dem Weg weiter nach unten und biegen die nächste Möglichkeit links ein. Es ist der **Kutschenweg,** der uns auf dieser Wanderung schon einmal begegnet ist. Das Plätschern des Baches begleitet uns noch einige Schritte durch den Wald.

Westweg: Der erste Fernwanderweg Deutschlands aus dem Jahr 1900 ist 285 Kilometer lang, beginnt in Pforzheim und endet in Basel.

Axtbach-Quelle

Abermals müssen wir die Hauptstraße **(Mönchstraße)** überqueren, wobei das Wort Hauptstraße uns ein falsches Bild vermittelt. Unter der Woche fahren hier kaum Autos, man würde beim Zählen einschlafen. Auf der anderen Straßenseite gelangen wir in die **Axtbachstraße** und schauen, dass wir gleich wieder rechts in den Wald abbiegen. Auf den Schildern steht auch unser Ausgangspunkt, die **Schwanner Warte.** Manchmal kann man sie schon zwischen den Bäumen hindurch entdecken. Wir halten uns links und gelangen jetzt auf den wundervollen **Panoramaweg ❽.** Ihm folgen wir nach rechts Richtung Ziel. Aber immer mit der Ruhe. Bänke am Wegrand laden dazu ein, noch mal einfach nur zu schauen. Vielleicht grasen gerade Schafe, vielleicht sehen wir Segelflieger, die hier starten. In jedem Fall halten wir die Augen offen, sodass die Bilder direkt ins Wohlfühlzentrum unseres Innern gelangen können.

Panoramatour 7

Bevor wir zum Ausgangspunkt zurückkehren, haben wir allerlei Möglichkeiten, einzukehren. Als Erstes treffen wir auf das **Hotel Adlerhof** ❾, in dem man den Schwarzwald kulinarisch erkunden kann, auf der anderen Straßenseite sehen wir den **Zauberberg** ❿, von dessen Terrasse aus man einen wunderbaren Ausblick hat, oder man holt sich was bei **Bratwurst Glöckle** ⓫ und setzt sich unter den Schirm an der Friedenslinde.

Wieder an der Schwanner Warte steigen wir noch einmal hinauf, um uns zu verabschieden. Besonders einladend ist jetzt die Liegebank vor der Warte. Beine ausstrecken und genießen. Unsere Augen wollen jetzt nur noch einmal in die Ferne schweifen.

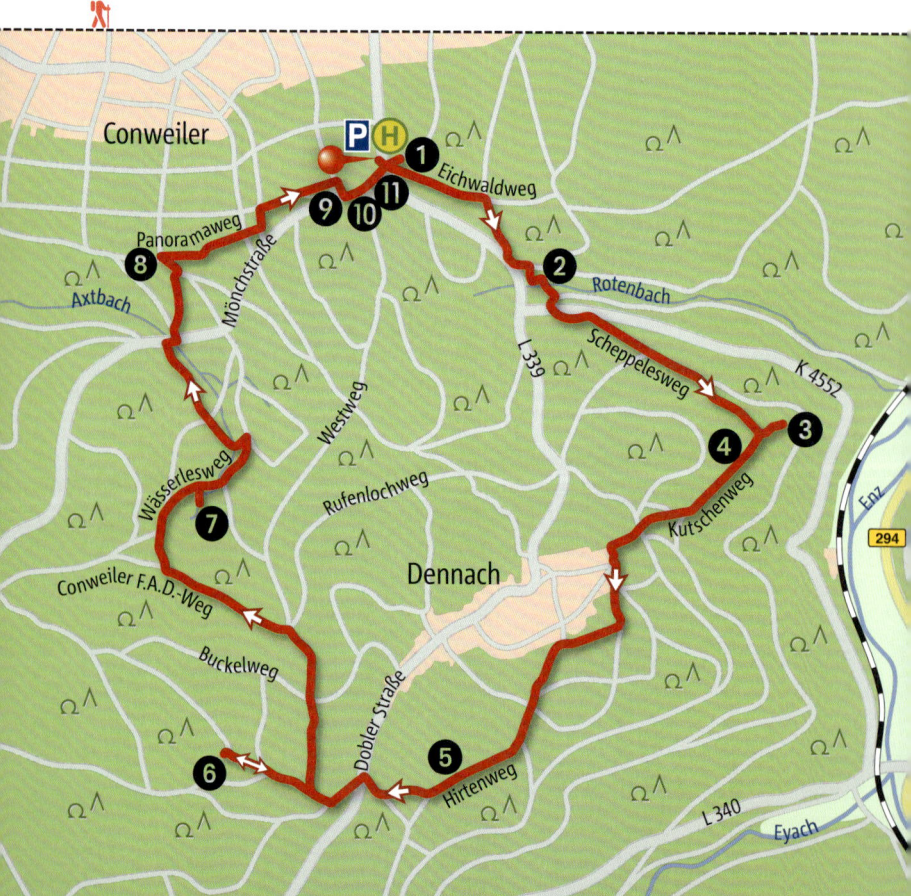

Alles auf einen Blick

WIE & WANN:
Breite Waldwege und gut begehbare Pfade,
beste Wanderzeit von März bis Oktober

HIN & WEG:
Auto: Parkplatz Schwanner Warte, Segelflugplatz, 75334 Schwann
(GPS: 48.83938, 8.54789)

Entspannung ✦✦✦✦✦
Genuss ✦✦✦✦✦
Romantik ✦✦✦✦✦

ÖPNV: Buslinie 716 aus Richtung Pforzheim oder Bad Herrenalb
bis Haltestelle Schwanner Warte, Schwann

ESSEN & ENTSPANNEN:
Hotel Adlerhof ❾ Mönchstraße 14, 75334 Straubenhardt, www.adlerhof.de,
Tel. (0 70 82) 92 34-0 (Restaurant Di.–Sa. 10–22.00, So. 10–21.30 Uhr)
Zauberberg ❿ Mönchstraße 5, 75334 Schwann, Tel. (0 70 82) 66 77
(Mo.–Fr. 16–24, Sa., So. u. Feiertage 11–24 Uhr)
Bratwurst Glöckle ⓫ direkt an der Friedenslinde von 1871, Mönchstraße 3,
75334 Straubenhardt (Sa. u. So. 11–18 Uhr)

ENTDECKEN & ERLEBEN:
Schwanner Warte ❶
Bienenleistungen ❷
Burg Straubenhardt ❸
Schildstein ❹
Aussichtsturm Enzkreisspitze ❺
Conweiler Stein ❻
Quelle des Axtbaches ❼
Panoramaweg ❽

- ❇ 15 Kilometer
- ❇ 400 Höhenmeter
- ❇ 4 Stunden
- ❇ Rundweg

Wildline Hängebrücke

Panoramatour 8

Wir parken am **Wanderparkplatz Marienruhe** in Bad Wildbad und informieren uns auf der Karte linker Hand des Eingangs über Sommerberg Aufstiegswege. Es gibt mehrere Möglichkeiten, auf unserer Wanderung zur Grünhütte unser Etappenziel, die Hängebrücke, zu erreichen. Wir entscheiden uns für den schwierigen

Absprung ins Blau
Waldbad in Bad Wildbad

Weg C, den **Walter-Schmauder-Steig.** Es heißt, dass wir die Hängebrücke in 90 Minuten erreichen.

Nach wenigen Metern Aufstieg hören wir Flussrauschen und Vogelgezwitscher. Im Zickzack gehen wir bergan. Einige Bänke zieren den Aufstieg, und über bemooste Steintreppen sehen wir das Wasser fließen. Sobald der Waldweg endet, halten wir uns links. An einer Laterne weist uns ein grünes Schild den Weg zur Hängebrücke vorbei an der **Bushaltestelle Sonnenweg.** An der **Bushaltestelle Hochwiese** orientieren wir uns abermals rechts an dem grünen Schild **Sommerberg Hängebrücke** und gehen bergauf. Spätestens nach der Biegung am **Hotel Garni Hochwiesenhof** empfängt uns die Waldruhe.

Auf dem breiten Waldwanderweg lässt es sich prima laufen. Wir stoßen auf vier Schilder, der **Walter-Schmauder-Steig** führt nach links oben. Es sind von hier noch 2 Kilometer zur Hängebrücke, angegeben sind 60 Minuten. Der Pfad wird jetzt schmal. In einigen Kehren geht es zugegebenermaßen sehr steil bergan. Aber manchmal muss man auch im Leben schwere Wege gehen und sieht am Ende, man schafft es doch. Selbst wenn Hindernisse wie ein dicker Stamm im

Panoramatour 8

Weg liegen. Und schon am nächsten Schild stellen wir fest, dass wir die ersten 20 Minuten durch unseren strammen Marsch bereits in 10 Minuten bewältigt haben. 60 Minuten für den Aufstieg sind also großzügig bemessen und laden zum Verweilen und Schauen ein.

Wir laufen nun einen breiten Schotterweg nach links, der auch von Autos befahren werden kann. Nach circa 50 Metern sehen wir am Baum eine rote Raute. Wir haben schon einen atemberaubenden Blick auf Baumwipfel und den Baumhang gegenüber. Heidelbeeren, die ab Anfang Juli reif sind, schmücken den Wegrand. Nach dem erholsamen breiten Weg kommen wir wieder an eines der Schilder **Walter-Schmauder-Steig.** Jetzt ist die Brücke nur noch 1 Kilometer entfernt, also maximal 20 Gehminuten. Wir kommen vermutlich weitaus schneller und ganz mühelos zum Ziel! Trotz, dass wir nach jeder Kurve anhalten, denn ein Ausblick ist schöner als der andere. Ins Himmelblau blicken wir durch die hohen Bäume. Am gelben Hinweisschild für Mountainbiker orientieren wir uns rechts und gehen weiter bergauf. Wir

Blick von der Hängebrücke

Waldbad in Bad Wildbad

erspähen einen **Startplatz für Gleitschirmflieger** – eine Sprungschanze ins Himmelblau. Eine Bank in Form eines Herzens steht an diesem wunderbaren Fleckchen Erde, das ist ganz herrlich und zauberhaft. Eine Hütte zum Pausieren steht ebenfalls bereit. Hier befindet sich auch der **Märchenweg „Das kalte Herz".** Es gibt ein Hinweisschild, das von Riesen, Seejungfrauen und

 ## Für die Seele

Auf der Hängebrücke, dem Baumwipfelpfad und dem Aussichtsturm genießen wir in luftigen Höhen einen Weitblick nach dem anderen – mal schwebend, mal standfest.

Rittern spricht. Doch wo geht es weiter zur Hängebrücke? Das grüne Schild steht links von der Hütte und besagt, dass wir den breiten Schotterweg ganz rechts nehmen müssen, er führt leicht abwärts – und da sehen wir sie auch schon und staunen.

Der Weg über die **Wildline Hängebrücke** ❶ kostet 9 Euro. Es gibt einen Automaten wie im Parkhaus, und man kann bar oder mit Karte bezahlen. Auch mit Kinderwagen oder im Rollstuhl kommt man gut hinüber. Nur schwindelfrei sollte man sein, das Gehgitter erlaubt einen Blick in die Tiefe – in den Abgrund. Besser, wir schauen ins Enztal! Hier oben befinden wir uns auf gleicher Höhe mit den Tannen. Die Wipfel zieren unzählige Zapfen, und es scheint, als wäre das Tragen eine Leichtigkeit.

Am Ende der Hängebrücke kommen wir an die **Hütte „Willkommen an der Wildline"** ❷. Hier können wir zur Toilette gehen und uns am Infopoint bei sehr netten Mitarbeiterinnen Broschüren und Wegempfehlungen einholen.

Nach einer Pause lassen wir die Auskunftshütte im Rücken und laufen den Schotterweg entlang. Wir fol-

Die Fußgänger-Hängebrücke Wildline wurde im Sommer 2018 eingeweiht und erfreut sich regen Zuspruchs. Bis zu 600 Personen kann sie auf einmal tragen. An der höchsten Stelle schwebt man 60 Meter über dem Boden. Ausblicke genießt man ins Enztal.

Panoramatour 8

gen nur immer den grünen Schildern: **Baumwipfelpfad, Sommerbergbahn.** Mitmachstationen und Infotafeln bereichern den Weg, zum Beispiel lernen wir etwas über die Flößerei. „Folge mit dem kleinen Floß dem Weg der Flößer – von der Enz bis nach Holland" steht dort geschrieben, und man kann den Weg auf einem Holzbrett mit der Hand nachfahren. Weitere Texte erzählen vom Leben, wie es früher einmal war. Nach den zwei Bänken zu unserer Rechten halten wir uns an das weiße Schild mit dem grünen Pfeil nach links: **Aussichtspunkt Heermannshütte.** Wir überqueren eine Bikerparkstrecke. Aufpassen ist also angesagt. Während die meisten Wanderer und Spaziergänger den Weg oberhalb Richtung Baumwipfelpfad nehmen, gehen wir hier eher in der Stille. Braune, weißbäuchige Eichhörnchen flitzen die Bäume hinauf. Die **Heermannshütte** ❸ erreichen wir schnell. **Augenblickrunde** ist ein gut gewählter Name für diesen Weg.

Bald sehen wir links oberhalb des Weges Wohnhäuser und überqueren noch einmal die Strecke für die Mountainbiker, gehen dann den **Heermannsweg** abwärts. Rechter Hand befindet sich das **Café- & Aussichtsrestaurant Sommerberg-Hotel** ❹. Wir gehen links aufwärts und stoßen auf die Mountainbike-Arena und den Eingang **Wanderparadies Sommerberg,** den wir nehmen. Vor uns steht die **Rodelhütte** ❺, dann sehen wir gleich rechts den Eingang zum über 1 Kilometer langen **Baumwipfelpfad** ❻, der uns zum etwas weiter entfernten **Aussichtsturm** ❼ führen wird. Für 10 Euro Eintritt können wir in 20 Metern über dem Waldboden Buchen, Tannen und Fichten besuchen. Erläutert wird uns die Natur an vielen Lern- und Erlebnisstationen. Das Vergnügen endet mit dem 40 Meter hohen Aussichtsturm. Bis zur Schwäbischen Alb, dem Kraichgau oder auch dem Stuttgarter Fernsehturm reicht der Blick.

Nach dem Abstieg folgen wir dem Wegweiser zur Grünhütte und lassen den neuen Spielplatz und Märchenweg links liegen. Auf unserem weiteren Weg kommen wir an einem alten Spielplatz, an Holzfigu-

ren und einigen Thesen über das Glück vorbei. Dann folgen noch eine Skihütte und der Grillplatz Sommerberg. Dort gehen wir geradeaus weiter Richtung Grünhütte, an der Liegewiese mit der Hütte **Fünf Bäume** ❽ laufen wir den Weg rechts hoch. Hier treffen und kreuzen sich zwar einige Wege, aber die Grünhütte ist gut ausgeschildert, außerdem pilgern viele Menschen dorthin. Die letzten 3,5 Kilometer laufen wir einen breiten Schotterweg, eine Bank folgt auf die andere, schöne alte Bäume säumen unseren Weg, Schmetterlinge flattern umher und Vögel zwitschern: Wir sind sehr weitab vom Lärm einer Stadt. Mit etwas Glück erblicken wir rechter Hand des Weges einen unglaublich großen Ameisenhaufen und wagen uns in seine Nähe. Faszinierend.

Die Gegend ist schön wie ein großzügig angelegter Park. An einer Kreuzung mit einer Bank lesen wir: Grünhütte 1,8 Kilometer. Am Ende dieses Wegs müssen wir links, und dann sind wir endlich da.

An der **Grünhütte** ❾ treffen sich alle: Eltern mit Kindern, Pärchen, junge Leute, die auf der Wiese ihre Musik hören, Biker, Läufer, Spaziergänger, Wanderer. Jetzt ist es nicht nur Zeit auf unserer Tour, sondern

Fünf Bäume

Waldbad in Bad Wildbad

wir befinden uns auch am Ort für den berühmten Heidelbeerpfannkuchen. Den Heidelbeerwein kaufen wir nur und packen ihn in den Rucksack. Wir wollen ja noch bei allen Sinnen zurücklaufen und nicht verpassen, was diese Gegend uns bietet. Zunächst laufen wir so, wie wir gekommen sind. Wir gehen also gegenüber der Grünhütte zurück bergauf, nehmen die erste Abzweigung rechts. Dort am Weg sehen wir ein großes Hinweisschild: Sommerberg 5 Kilometer – und laufen in diese Richtung.

An der ersten Kreuzung biegen wir nun rechts ab und verlassen den Weg, den wir gekommen sind. Auf dem Schild steht **Marienruhe** 5 Kilometer. Dort parken wir.

Den Trubel an der Grünhütte – die vielen Menschen, Geschirrgeklapper, Rufe, Hundebellen, Kinderlachen –, alles haben wir ganz schnell hinter uns gelassen, und nun umgibt sie uns wieder, die Waldruhe. Das trifft es vielleicht etwas besser als das Wort Waldbaden, das zurzeit in aller Munde ist. Der Weg, nicht der Hauptverkehrsweg der Wanderer, führt uns bergab. Wir kommen an die **Stürmleslochhütte** ⑩, orientieren uns hier am Schild Richtung Marienruhe – 4,5 Kilometer sind es noch bis dorthin – und wandern weiter. Wir halten uns rechts und folgen der **Mittelbergsteige.** Nun hören wir wieder den Wind durch die Bäume rauschen. Und ja, wir haben mit dem Weg eine gute Wahl getroffen: Wir spazieren hier meistens allein.

Nach einem verwunschen wirkenden Hochsitz hören wir Wasser plätschern, von links über eine Fahrrinne fließt es in einen Holzstamm, dann den Berg hinab und begleitet uns zu unserer Linken als ein Rinnsal. Nach der Wasserquelle geht ein Weg rechts ab, wir ge-

Grünhütte

Einst war die Grünhütte ein Hirtenhaus. Das liegt mehr als 250 Jahre zurück. Länger als 50 Jahre nun versorgt die Familie Schraft Ausflügler mit heimischen Produkten wie den Heidelbeeren.

Panoramatour 8

hen aber geradeaus weiter. Links am Baum angeschlagen steht **Rohmissweg,** auch die gelbe Raute sehen wir, die im Verlauf nun immer wieder an dem ein oder anderen Baum angeschlagen ist. Nachdem wir den Bach überquert haben, begleitet er uns zu unserer Rechten. Jetzt kommen wir aus dem Wald heraus, sehen die ersten Häuser und kommen nochmals am **Hotel Garni Hochwiesenhof** vorbei. Am Ende unserer Tour dürfen wir den steilen Weg vom Anfang noch einmal abwärtslaufen. Doch genießen wir zuvor noch einmal den Ausblick. Wir möchten uns gar nicht verabschieden, so herrlich war es. Nach den wunderschönen Stunden in der Natur blicken wir auf das letzte Stück unserer Strecke und spüren, was wir Stunden zuvor bergauf gelaufen sind. Wir sind stolz auf uns.

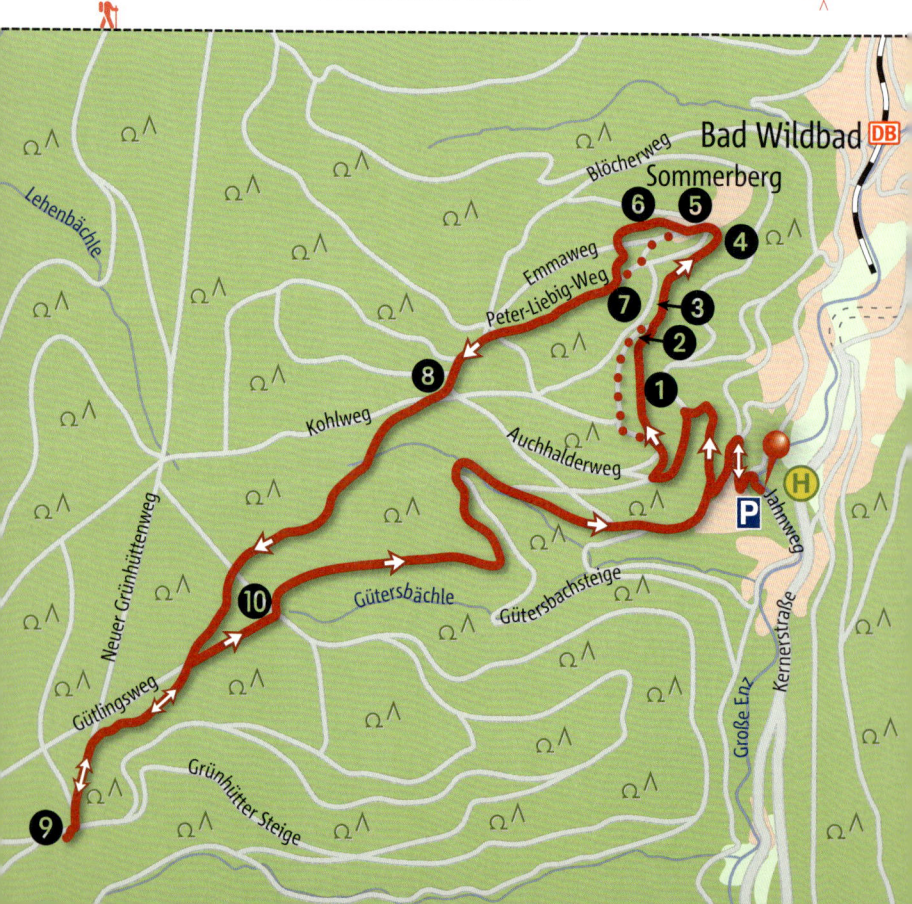

Alles auf einen Blick

WIE & WANN:
Viele schmale Pfade und Waldwege, beste Wanderzeit von März bis Oktober

HIN & WEG:
Auto: Parkplatz Marienruhe, Jahnweg, 75323 Bad Wildbad (GPS: 48.73835, 8.54206)
ÖPNV: Ab Bahnhof Bad Wildbad mit der Buslinie 7780 oder 723 bis zur Bushaltestelle Bad Wildbad, Windhof, 5 Minuten Fußweg zum Startpunkt Parkplatz Marienruhe (ausgeschildert)

Entspannung ✶✶✶✶✶
Genuss ✶✶✶✶✶
Romantik ✶✶✶✶✶

ESSEN & ENTSPANNEN:
Café- & Aussichtsrestaurant Sommerberg-Hotel ❹ Heermannsweg 5, 75323 Bad Wildbad, Tel. (0 70 81) 38 00 20, sommerberg-hotel.de (tgl. 11–18 Uhr)
Grünhütte ❾ Gernsbacher Steige 15, 75337 Enzklösterle, Tel. (0 70 81) 86 27, www.gruenhuette.de (Di.–So. und Feiertage 10–18.00 Uhr, Mo. Ruhetag)

ENTDECKEN & ERLEBEN:
Wildline Hängebrücke ❶ Heermannsweg, 75323 Bad Wildbad, Tel. (0 70 81) 9 55 77 30, wildline.de
Hütte „Willkommen an der Wildline" ❷
Heermannshütte ❸
Rodelhütte ❺
Baumwipfelpfad ❻
Aussichtsturm ❼ Peter-Liebig-Weg 16, 75323 Bad Wildbad, Tel. (0 70 81) 92 50 94-0, www.baumwipfelpfade.de/schwarzwald
Fünf Bäume ❽
Stürmleslochhütte ❿

- ✻ 13,5 Kilometer
- ✻ 819 Höhenmeter
- ✻ 5 Stunden
- ✻ Rundweg

Battertfelsen

Panoramatour 9

Ganz ohne Zugticket starten wir an der **Talstation der Merkurbergbahn.** Wir begeben uns links von der Bahn in den Wald, laufen zwischen zwei Bänken bergauf, der Weg entwickelt sich schnell zu einem schnuckligen Pfad. Mitunter müssen wir uns bücken, weil uns herabhängende Zweige im Weg sind. Insgesamt ist der

Felsig und göttlich
Baden-Baden von oben

Pfad sehr zugewachsen. Doch der bemooste Waldboden ist weich, und auch wenn es eng ist, kann man hier sehr schön laufen. Besonders im Sommer bietet der Weg viel Schatten und erfrischende Kühle.

Nach einem Stück gabelt sich der Weg, wir orientieren uns an der Bergbahn, die sehr nah rechts von uns verläuft. Auch wenn wir meinen, keinen Weg mehr zu erkennen, wissen wir doch, es geht bergauf an der Bahn entlang. Immer wieder hören wir sie tuckern. Und wenn der Rhododendron blüht, taucht er unseren Weg in ein leuchtendes Lila. Von links unten trifft ein Weg auf unseren, den wir aber ignorieren und weiter geradeaus gehen. Nach ein paar Minuten wird der Weg breiter und entwickelt sich eindeutig zum gut begehbaren Weg.

Wir wandern die Serpentinen aufwärts und kommen an die Ausweichstelle für die Bergbahnen. Wir nehmen uns die Zeit für einen Abstecher, um auf eine Bahn zu warten und zuzuschauen, wie sie sich nach oben kämpft. Danach gehen wir zurück auf unseren Wanderweg und versuchen mit eigener Energie den Aufstieg zum **Merkur** über einen breiten Schotterweg.

Panoramatour 9

Bald können wir von einer Bank aus den ersten schönen Blick genießen und sehen gegenüber am Hang die Bäume des Schwarzwaldes in saftigem Hell-, Matt- und Dunkelgrün, manche erscheinen uns sogar fast schwarz. Außerdem erblicken wir die **Battertfelsen**, die wir heute ebenfalls noch erwandern wollen. Linker Hand lugt das Gemäuer des **Schlosses Hohenbaden** hervor. Wir gehen gegenüber der gelben Raute den schmalen Pfad weiter aufwärts. An der nächsten Abzweigung befindet sich rechts eine Bank, wieder rechts danach – am dritten Baum – sehen wir die gelbe Raute und ein paar Meter weiter das Hinweisschild **Merkur Gipfelbergbahnstation.** Wir gehen zunächst direkt auf die Bergbahnen zu, lassen sie aber nach einer Kurve wieder rechts liegen. Nach einigen Kehren verlassen wir den schmalen Pfad wieder für einen breiten Schotterweg. Am Pfahl steht der Hinweis **Merkurstraße, Merkur-Gipfel 1,3 Kilometer.**

Mit dem Gleitschirm Richtung Schloss Hohenbaden

Baden-Baden von oben

An einer wunderschön gelegenen Bank mit großartiger Fernsicht folgen wir nicht der Rechtskurve nach oben, sondern nehmen den anderen Weg zunächst bergab. Es dominiert saftiges Hellgrün, und wir genießen weiter einen wunderbaren Blick auf die Landschaft. An der nächsten Bank biegen wir rechts in den Wald hinein und gehen den nächsten Knick links

 ## Für die Seele
Auf felsigen Wegen geerdet sind wir dem Himmel immer nah.

weiter bergauf. Wie viele Mistkäfer hier im Frühling unterwegs sind!? Schwarz glänzen sie in der Sonne, als hätte man sie mit Schuhlack eingerieben und poliert.

Für uns geht es nun weiter bergauf, bis wir linker Hand den **Startplatz der Gleitschirmflieger** sehen. Doch den schauen wir uns etwas später an, jetzt schreiten wir durch ein Tor, und nach ein paar Metern sind wir auf dem Gipfel des **Merkurs.** Der Platz gleicht einer Traumwohnung unter freiem Himmel. Wir können gar nicht anders, unbedingt müssen wir uns hier im **Merkurstüble** ❶ eine Saftschorle und vor allem den Blick von dort genießen. Nach der Erfrischung schauen wir uns hier oben alles an und entschließen uns, noch weiter hinaufzuklettern, indem wir den **Merkurturm** ❷ besteigen. Außerdem bestaunen wir **Merkurs Würfel** ❸, eine begehbare geologische Installation mit fünf als Würfelspiel angeordneten Steinquadern verschiedener Steinarten aus der Region. Ob der altrömische Gott Merkur tatsächlich hier gewürfelt hat, sei infrage gestellt, wie es auf der Infotafel zu Merkurs Würfel heißt.

Nach etwa einer dreiviertel Stunde ziehen wir schweren Herzens weiter und schauen auf dem Rück-

Mercurius, der römische Gott des Handels, des Gewerbes und der Diebe, gab dem Hausberg von Baden-Baden seinen Namen. Der Berg hat aber auch eine Ähnlichkeit mit einem umgedrehten Trinkbecher, weshalb er zuvor „Großer Staufen" hieß.

Panoramatour 9

weg zu unserer Route am **Startplatz der Gleitschirmflieger** vorbei. Wir haben vielleicht Glück, und gerade hebt einer ab.

Wir laufen zunächst den Weg, den wir gekommen sind, zurück. Aber an der Stelle, an der es aus dem Wald nach oben ging, biegen wir dieses Mal scharf rechts ab. An der nächsten Bank müssen wir links die Kurve hinunter, dann stoßen wir auf Wanderschilder und laufen jetzt links weiter in Richtung **Wolfsschlucht**, die 1,9 Kilometer entfernt liegt. Bald darauf folgen wir an der Kurve dem Schild **Wolfsschlucht** 0,6 Kilometer. Wir spazieren auf einen Stein zu, auf den unter anderem Merkurstraße eingemeißelt wurde. Außerdem trägt er die blaue Raute des Wanderwegs Murgleiter. Am Schild **Wolfsschlucht** 0,4 Kilometer biegen wir scharf links ein. Wir kommen an die Rotenbachtalstraße, überqueren sie und folgen einfach den Wanderschildern gegenüber. Wer einkehren will, kann das im **Hotel Restaurant Café Wolfsschlucht ❹,** es liegt rechts nur ein paar Meter entfernt.

Wir müssen bergauf nach links in Richtung **Untere Batterthütte,** die 2 Kilometer entfernt ist. Ab jetzt wandern wir immer der gelben Raute und dem Hinweis **Batterthütte** nach. Schnell wird es auf dieser Seite felsiger. Wir kommen auf unserem Weg an einem Kreuz und vielen Felsbrocken vorbei, die imponieren sehr. Rechter Hand sehen wir die **Gedenktafel für den Dirigenten und Komponisten Wilhelm Furtwängler ❺,** der die Gegend hier ebenso zu schätzen wusste, wie wir es jetzt tun.

Nun, nach etwas mehr als der Hälfte der Wegstrecke, kann man auf dem Weg, der im Zickzack zum **Battertfelsen** hinaufführt, den Merkur ab und an erblicken. Aber wir müssen unseren Blick auch auf unseren Weg richten. Nach einer Kreuzung befindet sich rechts am Baum der schlecht zu sehende Hinweis auf die **Untere Batterthütte ❻.** Nur noch 700 Meter. Dort angekommen, gilt für uns der Weg zum **Battert Altes Schloss,** 1,6 Kilometer entfernt. Wir laufen die obere Runde, den oberen Felsenweg. Eine Infotafel klärt uns

Schloss Hohenbaden

Panoramatour 9

Eidechse

Die eindrucksvolle Felsformation des Battert entstand vor etwa 260 bis 270 Millionen Jahren und ist seit 1981 Naturschutzgebiet. Reptilien wie Eidechsen, Salamander oder Schlingnattern, aber auch Wanderfalken und seltene Pflanzenarten sind hier zu Hause.

über den **Battertfelsen** ❼ **am Schloss Hohenbaden** auf. Wenige Meter weiter steht auf einem Stein: „Auf die Felsen". Dieser Wegweiser schickt uns rechts hinauf. Wir müssen Treppen steigen, auf weichem Waldboden laufen. Wir sehen Eidechsen, die sich auf den Steinen sonnen und davonhuschen, und Kletterer, die ihre Ausrüstung sortieren. Nicht zu nah am Abgrund wandern wir lieber weiter, als dass wir abenteuerlich aufs Klettern umsteigen. Uns reicht das Zuschauen. Die **Felsenbrücke** ❽ ist zur Brutzeit der Wanderfalken immer mal wieder gesperrt.

Auf unserem Weg zum nächsten Ziel zur **Ritterplatte** ❾ können wir getrost dem Wegweiser zum Alten Schloss folgen. Wir sehen es von der Ritterplatte aus. Was für ein Ort für eine Rast! Wir freuen uns über den Panoramablick. Im **Alten Schloss Hohenbaden** ❿**,** im **Restaurant fidelitas** ⓫ legen wir eine Vesperpause ein und lassen uns vielleicht den Wildkräutersalat schmecken.

Haben wir das **Alte Schloss** besichtigt, müssen wir links den **Panoramaweg** bergab gehen. Als Nächstes sehen wir versteckt zu unserer Linken die Bernharduskapelle. Bald darauf kommen wir an einen Eberbrunnen. Hier müssen wir nach dem Überqueren der

Baden-Baden von oben

Straße aufpassen und dem linken der beiden Wege folgen. Wir laufen die Treppen bergab und bestaunen am Hang gegenüber die Villen von Baden-Baden. Wir spazieren abwärts an einem Pavillon vorbei und gehen gegenüber durch ein Tor, hinter dem der Weiße Stein, der von ziemlicher Größe ist, wie hingeworfen liegt.

Nun geht es immer abwärts an Blumenwiesen vorbei, links befindet sich der **Biergarten Waldschänke** ⑫**.** Im Folgenden wird es noch einmal knifflig, und wir müssen aufpassen: Sobald wir rechts auf der Wiese an einen Stein mit der Inschrift: **Fahrweg Altes Schloss** gelangen, müssen wir links abbiegen. Ein schmaler Pfad von 3 Metern Länge führt uns an drei Mammutbäumen vorbei, dann geht's rechts treppab, dann treppab links zum See, der rechts von uns liegt. Am Ende sehen wir linker Hand den **Platz der badischen Revolution** ⑬ und eine **Statue von Dostojewski** ⑭**,** der im Badener Spielcasino mehrmals sein Geld verspielte. Darauf haben wir jedoch keine Lust. Wir genießen lieber den Reichtum an Eindrücken von unserer Wanderung und wollen diesen bewahren.

Anfang des 19. Jahrhunderts wurde das Gebiet um das Alte Schloss für Touristen zugänglich gemacht. Die Oberburg, auch Hermannsbau genannt, errichtete Markgraf Hermann II. im 12. Jahrhundert, die Unterburg erbaute Markgraf Bernhard I. im 14. Jahrhundert.

Statue von Dostojewski

Panoramatour 9

Das Schild **Talstation Merkur** weist uns den Weg über den Zebrastreifen, wir müssen danach links und dann parallel zur Straße am Bach entlang. Kurzzeitig laufen wir an der Straße entlang, biegen aber rechts ein, sobald wir das Schild **Sportanlage/Pädagogium** mit der gelben Raute erreichen. Achtung, ein letztes Mal müssen wir aufpassen und vor dem Sportplatz rechts hoch und einem leicht zu übersehenden schmalen Pfad hinauf folgen. Bald haben wir alle Steigungen des Tages geschafft und gelangen an eine wunderschöne Streuobstwiese. Jetzt sind es laut Schild nur noch 800 Meter zur Talstation Merkur, die sich jetzt ganz locker laufen. Wir haben heute viel getan für Körper, Geist und Seele.

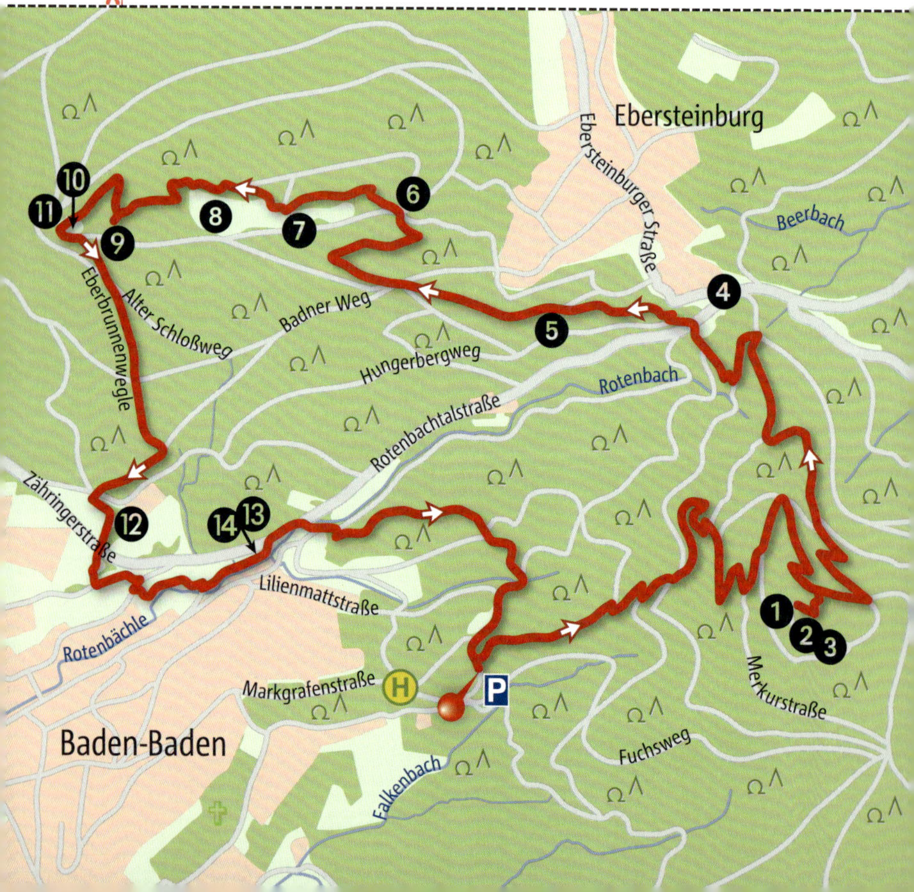

> Die Merkur-Bergbahn ist eine der längsten und steilsten in Deutschland. 1913 eröffnet, verkehrt sie täglich zwischen 10 und 22 Uhr. Erreichbar ist die Bergbahn mit den Linien 204 und 205.

Alles auf einen Blick

WIE & WANN:
Viele schmale Pfade und Waldwege, felsige Abschnitte und Treppen, asphaltierte Straßen, beste Wanderzeit von März bis Oktober

HIN & WEG:
Auto: Merkurbergbahn, Talstation, Markgrafenstraße, 76530 Baden-Baden (GPS: 48.76272, 8.26442)
ÖPNV: Bus 204, 205 bis Merkurwald, Baden-Baden

Entspannung ✦✦✦✦✦
Genuss ✦✦✦✦✦
Romantik ✦✦✦✦✦

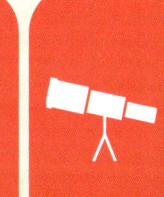

ESSEN & ENTSPANNEN:
Merkurstüble ❶ Merkuriusberg 5, 76530 Baden-Baden, Tel. (0 72 21) 9 70 98 42, www.merkurstueble-baden-baden.de (tgl. 10–21.30 Uhr)
Hotel Restaurant Café Wolfsschlucht ❹ Ebersteinburger Straße 2, 76530 Baden-Baden, Tel. (0 72 21) 2 23 09, www.hotel-cafe-wolfsschlucht.de (Mo.–Mi. u. Fr.–So. 11–22 Uhr, Do. Ruhetag)
fidelitas im Alten Schloss Hohenbaden ⓫ Alter Schlossweg 10, 76532 Baden-Baden, Tel. (0 72 21) 2 81 52 50, www.fidelitas-baden.de (Di.–So. 11.30–22 Uhr, Mo. Ruhetag)
Biergarten Waldschänke ⓬ Hungerberg 6, 76530 Baden-Baden, Tel. (0 72 21) 3 22 12 (Mo. u. Mi.–Sa. 16–23, So. 11–23 Uhr, Di. Ruhetag)

ENTDECKEN & ERLEBEN:
Merkurturm ❷
Merkurs Würfel ❸
Gedenktafel für den Dirigenten und Komponisten Wilhelm Furtwängler ❺
Untere Batterthütte ❻
Battertfelsen ❼
Felsenbrücke ❽
Ritterplatte ❾
Altes Schloss Hohenbaden ❿
Platz der badischen Revolution ⓭
Statue von Dostojewski ⓮

- 15 Kilometer
- 400 Höhenmeter
- 4 Stunden
- Rundweg

St. Anton Kapellenruine

Panoramatour 10

Ein Vorschlag, sich am meteorologischen Sommeranfang auf nach Durbach zu machen, um das Weinpanorama zu genießen. Wenige Meter nach der **Bushaltestelle Tennisplatz** – in unmittelbarer Nähe zum **Parkplatz Festplatz Durbach** – biegen wir am Schild **Durbachtalweg** rechts ein und kommen an den Bach, der zu

Für Leib und Seele
Durbacher Weinpanorama

unserer Linken fließt. Am nächsten Schild mit der Aufschrift **Durbacher Weinpanorama** gehen wir weiter geradeaus. Rechts am Hang sehen wir die Weinberge, davor Felder. Wir schlendern durch eine Kirschbaumallee. Hinter den Obstbäumen folgen wir dem **Durbacher Weinpanorama** nach rechts. Links sehen wir eine Apfelplantage, kurz darauf überqueren wir die Hauptstraße. Das **Schloss Staufenberg** – unser Domizil während der Wanderpause – ist nach rechts mit 4 Kilometern ausgeschildert. Am Werbeplakat des Weinguts Andreas Laible gehen wir links hoch. Schon hier unten beeindrucken uns die Weinberge. Die Rosenstöcke, die den Wein vor Schädlingen schützen, stehen in knallig roter Blüte. Wir gehen hinauf und dürfen in den Weinbergwiesen mitten durch die Reben laufen. Zum Glück haben wir an eine Kopfbedeckung gedacht. Die Grillen zirpen ihr Hitzelied. Wie weit im Süden sind wir schon? Aber der Wegweiser bestätigt: Wir laufen den Premiumwanderweg **Durbacher Weinpanorama** entlang. Die gelbe Raute, aber auch der Hinweis **Genießerpfad** dienen uns nun die ganze Wanderung als Richtungsgeber.

Panoramatour 10

Immer wieder geht es recht steil bergauf. Dafür belohnt uns schon nach 20 Minuten ein grandioser Ausblick ins Tal für die Gehmühen. An der Kurve blicken wir in die Rheinische Tiefebene hinunter, bis hin zu den Vogesen, wandern müssen wir jedoch immer weiter hinauf und der gelben Raute sowie der Aufschrift Genießerpfad folgen. Am Sendemast vorbei, dahinter geht es links zum Plauelrainer Köpfle ❶ (Durbach Aussicht), das wir nach einer sehr knappen halben Stunde Wanderung schon erreichen. Hier gibt es eine steinerne Feuerstelle, Heckenrosen schmücken den Wohlfühlort, und wir sehen bei gutem Wetter von hier aus sogar das Straßburger Münster. Weiter geht's einen breiten Schotterweg um das Plauelrainer Köpfle herum bergab. Unterwegs erinnert eine Gedenktafel an einem Brunnen an die Waldrodung von 1973. Auf dem weiteren Weg werfen wir immer wieder einen Blick zurück, das lohnt sich.

Wieder im Wald gehen wir der guten Beschilderung nach, verlassen den breiten Schotterweg, gehen im Mischwald den Pfad rechts bergauf und erreichen einen fantastischen Glücksort: die St. Anton Kapellenruine ❷. Von 1988 bis 1995 saniert, ist diese Kapelle ein echtes Kleinod. Vom 16. bis zum 18. Jahrhundert

Schloss Staufenberg

Durbacher Weinpanorama

nutzten die Durbacher diesen Ort für ihre Seelsorge. Wir hingegen sind einfach selig, zur Rosenblüte hier zu sein. Drei Treppenstufen führen durch ein rosenumranktes Tor. Im Ruineninneren ruft eine Bank einen förmlich, sich zu setzen und etwas zu bleiben

Die friedliche Stimmung nehmen wir gerne mit, während wir weiter dem Durbacher Weinpanorama zur **Maiglöckchenhütte** ❸ folgen: Ein Aussichtspunkt mit Panoramatafel. Die Hütte auf dem Ebersweiherköpfle liegt 304 Meter über NHN.

Rechts hinter der Hütte geht unser Weg weiter. Zum **Schloss Staufenberg** sind es noch 3 Kilometer. Der Weg führt an einem Hochsitz vorbei, an dem wir scharf rechts der Beschilderung folgen. Das satte Grün wirkt durch die Farbtupfer des Roten Fingerhuts ganz lebendig. Wir laufen einen breiten Grasweg durch den Wald, oben am Weinberg heißt es links in Richtung **Schloss Staufenberg,** noch 2,5 Kilometer. Wir genießen den Blick von der Bank ins Tal und auf die Berge. Gegenüber sehen wir das Schloss und müssen steil bergab.

An der nächsten Beschilderung gehen wir links und folgen dem Weg abwärts. Wiederholt finden wir den Wegweiser **Schloss Staufenberg** angeschrieben. Das **Durbacher Weinpanorama** führt uns durch den Schatten

Von der ehemaligen Bergarbeiterkapelle und Wallfahrtsstätte St. Anton ist heute nur eine Ruine übrig. Trotzdem ein wahres Kleinod. Welchem heiligen Antonius die Kapelle geweiht wurde, weiß man heute nicht mehr.

Panoramatour 10

Die Markgrafen von Baden setzten im badischen Weinbau Qualitätsstandards. Christoph erließ 1495 ein Weinbaugesetz, Carl Friedrich baute 1782 Riesling in Reinkultur am Durbacher Klingelberg an: Der „Klingelberger", eine Durbacher Spezialität, entstand.

spendenden Wald. Der Weg gabelt sich, wir gehen rechts hinauf, am Baum wieder ein Schild: **Durbacher Weinpanorama.** Es ist absolut ruhig hier. Aus dem Wald hinaus, haben wir einen wunderbaren Blick in die Ferne, sehen das Straßburger Münster und gehen dann rechts. Zum **Schloss Staufenberg** sind es nun nur noch 1,5 Kilometer. Auf dem Weg dorthin entdecken wir die Sagentafel Nummer sieben des **Nesselrieder Sagenrundweges.**

Wir gehen immer weiter hinauf, folgen dem typischen Schwarzwaldschild mit dem Bollenhut als Kennzeichen. Ein Waldpfad führt uns sehr steil bergauf. Aber oben angekommen, werden wir mit dem nächsten großartigen Ausblick belohnt. Es geht weiter hoch hinaus, und ständig hören wir die Meisen rufen. Ob sie uns anfeuern? Wenn wir wieder aus dem Wald herauskommen, geht es nach links zum **Schloss Staufenberg** ❹, es sind noch 600 Meter. Wir sehen unser Ziel und freuen uns schon auf ein gutes Glas Wein und eine Kleinigkeit zu essen. Zu unserer Linken locken die Kirschbäume, zu unserer Rechten der Wein. Und ein wunderschöner Sitzplatz unterm Kirschbaum lädt

Durbacher Weinpanorama

uns 500 Meter vor dem Pausenziel doch noch zum Verweilen ein. So kann man den Höhepunkt der Wanderung hinauszögern.

Endlich sind wir da, und ja, es lohnt sich. Das Herzogsgeschlecht der Zähringer errichtete die Burg im 11. Jahrhundert. „Stauf" bezeichnet im Althochdeutschen einen kegelförmigen Berg. Wir finden einen

 Für die Seele

In der St. Anton Kapellenruine sagen wir Ja zum Leben und begießen das auf Schloss Staufenberg mit einem badischen Wein.

Platz auf der Schlossterrasse und lassen uns Straßburger Wurstsalat und Renchtäler Rahmkäse – Käseklassiker aus der Ortenau – schmecken. Nach einem Bier fragt man hier vergeblich, es steht sogar angeschrieben. Es gibt Wein aus dem Hause Markgraf von Baden.

Bevor wir auch dieses kleine Paradies wieder verlassen müssen, schauen wir uns um, besuchen den **Hofladen 1895 ❺** und die **Chocolaterie Jutta Danner ❻**. Im Sommer ist es leider oft zu heiß, als dass man Schokolade mitnehmen könnte, aber eine Kugel Weinbergpfirsicheis lässt sich allemal auf die Hand nehmen. Und weiter geht's!

Es gabeln sich drei Wege, wir nehmen den mittleren bergauf. Zum Glück haben wir noch ein wenig kühlendes Eis. Fürs Auge gibt es wieder gute Sicht auf das Straßburger Münster. Nach dem wohl höchsten Punkt der Wanderung geht es rechts bergab durch die Weinberge. An der nächsten Abzweigung folgen wir unserem liebgewonnenen Durbacher Weinpanorama, wir lassen die Weinberge rechts liegen und biegen links in den Wald ein. Der Weg macht eine Rechtskurve, und dann biegen wir wieder rechts ab, dem **Dur-**

Durbach

Panoramatour 10

bacher Weinpanorama nach. Sehr viele Brombeeren wachsen hier. Wir überqueren einen Parkplatz und stoßen wenig später auf Weinberge von Andreas Männle. Richten wir unsere Augen nach links, erahnen wir die Hornisgrinde.

Als Nächstes überqueren wir die **Weintalstraße** und kommen an die kleine Brandstetter Kapelle. Am **Schaukasten Bottenau-Info** folgen wir dem Weg rechts hinauf. Durch die Weinberge spazieren wir auf eine Kreuzung zu. Zu unserer Linken sehen wir den **Hummelswälder Hof ❼**, und wir widerstehen dem Wunsch nach einer Rast nicht. Schließlich können wir hier mitten im Weinanbaugebiet ein kühles Radler trinken. Danach folgen wir wieder dem Durbacher Weinpanorama in den Wald, schon wieder hoch hinauf. In einiger Entfernung erblicken wir Schloss Staufenberg, oder wir genießen den Blick in die Weinberge.

Dann geht es endlich auch mal wieder bergab. Bei entsprechender Witterung kann es hier gefährlich rutschig werden, und man muss aufpassen. Am Jesuskreuz angekommen, gehen wir erneut bergan und folgen oben dem Weg rechts in den Wald. Dort nehmen

Blick auf Durbach

Durbacher Weinpanorama

wir den **Unteren Hummelswaldweg** und gehen wieder rechts hinab in den ersehnten Schatten hinein. Wir hören es plätschern und wandern links das **Durbacher Weinpanorama** – bergauf – puh! Das Schloss Staufenberg, das sich nun ständig rechts ins Bild drängt, scheint wieder unerreichbar. Nach einem weiteren Anstieg geht es noch mal links in die Weinberge, wir setzen uns auf die Schattenbank, bestaunen das Schloss aus der Ferne und erinnern uns an die hervorragende Verköstigung.

Eidechsen haben hier ein Zuhause, und so kann man sie immer wieder mal über den **Durbacher Weinpanoramaweg** huschen sehen. Bald geht es rechts bergab, haben wir das Hinaufmüssen nun hinter uns gelassen? Es scheint so.

Machen wir doch einen kleinen Umweg von 50 Metern und schauen uns das **Schnapshäusle vom Kapelleck-Hof** ❽ an. Wenn es zu heiß ist, gehen wir lieber, ohne den Schnaps zu probieren zurück auf unseren Weg, von dem aus wir das **Schloss Staufenberg** direkt vor uns erblicken können. Wenig später wandern wir die Straße entlang. Linker Hand fließt der **Durbach** ❾. Wasserplätschern und Grillenzirpen bestätigen den meteorologischen Sommeranfang – es fühlt sich wie Urlaub an.

Die nächste Möglichkeit biegen wir links ein und laufen dann den **Durbachtalweg** am Bach entlang, der sich nun zu unserer Rechten befindet. Links erscheint ein großes Sägewerk mit Mühle, wir müssen nun immer am Bach entlang in Richtung Schwimmbad. Wir kommen an einem Schwedenkreuz vorbei, dann am etwas abseitig gelegenen **Vesperstüble Brandeckblick** ❿ mit seinem Biergarten und am **Hotel Restaurant Rebstock Durbach** ⓫.

Immer wieder die Bachseite wechselnd, schaffen wir auf dem schnucklig blumengeschmückten Weg die letzten Meter. Rechts oben rückt das **Schloss Staufenberg** sich wieder deutlich in unser Blickfeld. Am Bach stehen Bänke, manche sogar direkt am Wasser. Als wir das Schwimmbad erreichen, würden wir am liebsten zur Abkühlung ins Wasser springen. Nach dem

Panoramatour 10

Schwimmbad geht es links hinunter, hinter dem Schwimmbad ist ein Parkplatz. Wem nun der Magen knurrt, der findet hier sicher etwas nach seinem Geschmack. Es gibt hier reichlich Einkehrmöglichkeiten. Wir steuern nun aber unser Ziel an. Achtung, das Wanderschild versteckt sich an Hausnummer 6, es ist ein rotes Haus am Lindenplatz. Fachwerk und blumengeschmückte Häuser machen Durbach zu einem malerischen Städtchen, in dem wir gerne noch etwas verweilen würden, aber wir ziehen weiter.

Die allerletzten Meter gehen wir noch einmal an der Straße entlang, links ist ein Fußballplatz, und bald kommt der Hinweis: **Panorama Weinwanderweg,** Parkplatz 50 Meter. Wir sind zurück. Es war nur ein Tag, aber wir waren im Sommerurlaub.

Alles auf einen Blick

WIE & WANN:
Breite Wanderwege, schmale Pfade, beste Wanderzeit von März bis November

HIN & WEG:
Auto: Festplatz Durbach, Almstraße, 77770 Durbach (GPS: 48.4941, 8.01139)
ÖPNV: mit dem Bus 7142 von Offenburg Bahnhof oder dem Offenburg ZOB bis Haltestelle Tennisplatz, Durbach

Entspannung ✴✴✴✴✴
Genuss ✴✴✴✴✴
Romantik ✴✴✴✴✴

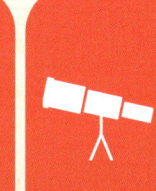

ESSEN & ENTSPANNEN:
Schloss Staufenberg ④ 77770 Durbach, Tel. (07 81) 92 46 58 38, www.schloss-staufenberg.de (Apr.–Okt. 11 Uhr–Sonnenuntergang, Nov.–Mrz. Do.–So. 11–18 Uhr)
Hofladen 1895 ⑤ Schloss Staufenberg, 77770 Durbach, Tel. (07 81) 94 84 67 31, www.hofladen1895.de (Sa. u. So. 12–17 Uhr)
Chocolaterie Jutta Danner ⑥ Schloss Staufenberg 4, 77770 Durbach, Tel. (07 81) 91 97 38 33, www.chocolaterie-danner.eu (Di.–Fr. 11–16, Sa. u. So. 11–17 Uhr)
Hummelswälder Hof ⑦ Weintalstraße 37, 77704 Oberkirch, Tel. (07802) 91894, www.hummelswaelder-hof.de (Mo.–Fr. ab 11.30, Sa. u. So. ab 11 Uhr)
Vesperstüble Brandeckblick ⑩ Oberweiler 8, 77770 Durbach, Tel. (07 81) 4 14 83, www.brandeckblick.de (Mo.–Fr. 11.30–24, So. u. Feiertage 10–24 Uhr, Sa. Ruhetag)
Hotel Restaurant Rebstock Durbach ⑪ Halbgütle 30, 77770 Durbach, Tel. (07 81) 4 82-0, www.rebstock-durbach.de (Di.–So. u. Feiertag 12–14 u. 18–21, nachmittags Vesper, Kaffee u. Kuchen 14–17.30 Uhr)

ENTDECKEN & ERLEBEN:
Plauelrainer Köpfle ①
St. Anton Kapellenruine ②
Maiglöckchenhütte ③
Schnapshäusle vom Kapelleck-Hof ⑧
Durbach ⑨

Verwöhntour 11

Heute laufen wir die **Alde Gott Panoramarunde Sasbachwalden**, sie startet oberhalb des Wanderparkplatzes mit dem Einstieg **Gaishölle** ❶.

Es dauert nur zwei, drei Schritte, und wir werden eingefangen von Naturromantik, die uns an die Erfrischungstour im Monbachtal in Bad Liebenzell (siehe S. 147) erinnert. Wir gehen wenige Meter bergauf und folgen dem Panoramaweg nach links. Jederzeit ist es möglich, ans Wasser zu gehen. Auf dem Weg bergauf kommen wir uns zwischen den hohen Bäumen sehr klein, aber geborgen vor. Nach ungefähr 5 Minuten Gehzeit sehen wir rechter Hand eine Informationstafel an einem bemoosten Felsen angebracht, und wir erfahren, dass wir auf 600 Meter entlang des **Brand-**

Gaishölle setzt sich aus Geiß und Hölle zusammen. Früher kam man nämlich nur wie eine Ziege (geißend) durch die Schlucht – eine enge, wilde und felsige Gegend, deren althergebrachter Name Hölle lautet. Der erste Wanderweg wurde 1880 angelegt.

Weitblick und Wein
Himmlische Hölle in Sasbachwalden

bachs ❷ über 13 Brücken gehen und 150 Höhenmeter überwinden werden. Schon sehen wir die erste Sitzgelegenheit, die stumm fragt, ob wir nicht bleiben wollen. Es ist so schön, wir sind im wahrsten Sinne des Wortes rasch berauscht, die Zahl 13 verliert ihren Schrecken. Und der Song von Karat lässt sich schnell umdichten in „Über viele Brücken darfst du geh'n".

Treppen erleichtern uns den Aufstieg, das Grün der Natur fängt uns ein, und die vielen Brücken machen den Weg romantisch. Wenn es nicht zu kalt ist, gönnen wir unseren Füßen und Waden eine Kur in der eigens dafür vorgesehenen Kneipp-Tretstelle. Sasbachwalden ist übrigens ein heilklimatischer Kneippkurort.

Verwöhntour 11

Spinnerhof

Weincaching ist eine GPS-Tour für Gruppen ab acht Personen. Man bekommt ein Weinglas, einen Glashalter zum Behalten, ein GPS-Gerät und einen Tresorschlüssel leihweise. Ein Laufzettel informiert über die Wegepunkte und die gefundenen Weine.

Linker Hand an einer Hütte geht es zum **Murberg** und auch zum **Schnapsbrunnenweg**, was zwar verlockend klingt, aber wir gehen ab der Hütte die **Augenblickrunde**, bzw. orientieren wir uns stets an der **Alde Gott Panoramarunde.** Sie ist bestückt mit sogenannten Weintresoren. Sie sehen ähnlich aus wie Briefkästen, und sie erfüllen auch eine ähnliche Funktion. Da bekommt das Wort Flaschenpost eine ganz neue Bedeutung. Die Tresore sind für die Weincaching-Tour bestimmt.

Wir setzen uns bei nächster Gelegenheit und erfreuen uns am Grün. Die Singvögel zwitschern im Wald, der mehr Laub- als Nadelbäume beherbergt.

Wenn wir an die Hauptstraße kommen, verlassen wir die „himmlische Hölle" und gehen wieder rechts über die Hauptstraße dem Schild nach **Alde Gott Panoramarunde.** Nach wenigen Metern müssen wir links hoch und erreichen das **Hotel-Restaurant Im Spinnerhof ❸**. Eine fantastische Einkehrmöglichkeit, sehr reizvoll der Biergarten am Hang mit Blick auf das Rheintal. Skulpturen säumen den Weg, auf einem Baumstamm thront ein Pavillon. Es gibt viel zu entdecken und zu erfahren, nämlich, dass der noch junge Rudolf Spin-

Himmlische Hölle in Sasbachwalden

ner nach einem Besuch im Münstertal versprach, eine Josefskapelle zu errichten. Daran erinnerte ihn seine Schwester 2008 an seinem 60. Geburtstag. 2009 arbeitete das Zimmermädchen Katharina aus Auschwitz am Spinnerhof. Sie erinnerte die Familie an die tragische Geschichte der Großmutter Katharina, die am 9. März 1944 in Auschwitz ums Leben gekommen war, und so bekam die Kapelle ihren jetzigen Namen.

Herzerwärmend auch der **Schnapsbrunnen** ❹, den wir noch vor der Kapelle finden. Wenngleich der Euro, den man in eine Kasse in Form einer Miniaturkirche wirft, nicht viel ist, verkneifen wir uns den Alkohol, wir wollen ja noch etwas wandern heute.

Als Nächstes spazieren wir hinauf zur **Friedenskapelle St. Katharina** ❺ – auf dem Weg weist uns ein Plakat auf

 ## Für die Seele

Ein wildromantischer Wasserfall, Obstwiesen und Weinberge – dieser Weg ist ein Jahrmarkt für die Seele.

den **Friedenspilgerweg** hin, den wir uns merken. Der Ausblick von hier ist grandios. Aber man muss gar nicht in die Ferne blicken, um dieser Wanderung einen Sinn zu geben. Vor der Kapelle lesen wir in Stein gemeißelt: „Wer in der Stille die Schönheit in allen Schöpfungen erkennt und würdigt, geht friedvoll seines Weges." Friedvoll, aber doch etwas angestrengt atmend, gehen wir links von der Kirche den schmalen Pfad nach oben: Wenn es geregnet hat, ist der Boden zwar aufgeweicht, trotzdem aber gut zu gehen. An beiden Seiten säumen Tannen und Ginster den Weg. Oben angelangt, laufen wir rechts in den geheimnisvoll wirkenden Wald hinein, es geht jetzt leicht bergab.

Verwöhntour 11

An der Biegung, an der wir rechts dem **Panoramaweg** folgen – dem **Genießerpfad** – könnte man auch links zur Straußenwirtschaft **S 'Dolle Frieders** ❻ abbiegen, wenn man Hunger hat. In den Bäumen rauscht es und Singvögel trällern – herrlich. Es geht etwas steiler bergab, von oben ragen Tannen mit frischen Trieben herab – wunderschön das hell-dunkelgrüne Farbenspiel. Die Wiesen hier halten Schafe kurz. In dieser Idylle hat man das Gefühl, die Welt ist in Ordnung und kann ewig bestehen.

Nach dem **Ferienhaus Strauberhof** kommen wir auf die Straße zu und biegen links ab – immer dem **Genießerpfad** nach. Greifvögel lauern oben auf ein Mittagessen, gegenüber schauen uns Lamas freundlich an. Lä-

Lydias Bänkl

Himmlische Hölle in Sasbachwalden

cheln sie? Wir laufen einen schmalen Pfad an ihrem Gehege vorbei und gelangen über die Wiese an die unter Denkmalschutz stehende **Straubenhöfmühle** ❼ aus dem Jahr 1789, die 2001 restauriert wurde. Gerne nutzen wir diesen wunderschönen Rastplatz.

Nach der Mühle zieren rosa Wiesenblumen den kurvig verspielten Weg am Sasbach, ein weiteres Mal müssen wir eine größere Straße überqueren und dann über einen schmalen Pfad bergauf der Beschilderung **Genießerpfad** folgen, der uns in eine Art Waldtunnel führt. Bald erhaschen wir die ersten Blicke auf die Weinberge. Wir passieren Streuobstwiesen und wandern dann mitten durch die Weinberge, genießen dabei den Blick auf den Wein und Weitblick. Am **Grieseneck** angekommen, folgen wir dem **Genießerpfad** nun zu **Lydias Bänkl** ❽. Lydia Bohnert wohnte im Hof unterhalb des Bänkchens. Mit Kindern und Mann Richard Bohnert bewirtschaftete sie die Weinberge. Am heutigen Bänkl war ihr Lieblingsplatz. Nach ihrem Tod hat Richard zum Gedenken an sie diese Bank aufgestellt und Reben drübergezogen.

Dieser Gänsehautort hat ohne Zweifel eine Seele.

Danach stoßen wir auf den **Aussichtspunkt Kirschenberg** ❾, aber Lydias Bänkl bleibt unübertroffen unser Ort, der die Seele am stärksten berührt. Nach dem wundervollen Weg durch die Weinberge geht es einige Treppen hinunter, unten angekommen, gehen wir gegenüber schon wieder in die Weinberge. Unterwegs sehen wir am Weinhang gegenüber den **Aussichtspunkt Münsterblick,** dort wollen wir hin. Zunächst geht es Treppen hinunter, dann kommen wir an Tennisplätzen vorbei und können uns an der öffentlichen Wanderkarte informieren, dass wir schon ein Dreiviertel

Verwöhntour 11

der Strecke geschafft haben. Nun müssen wir eine Landesstraße überqueren und Richtung **Weingut Schelzberg** gehen. Der Weg führt uns am **Weingut Königsrain** vorbei. Ziegen meckern uns an. Warnen sie schon, dass die **Klosterschänke Schelzberg** nicht mehr bewirtet wird? Aber auch hier stehen eine Kasse und Getränke bereit – natürlich Wein. Noch beherrschen wir uns und gehen links weiter wieder Richtung Weinberg zum **Aussichtspunkt Münsterblick** ⑩. Hier bleiben wir schließlich so lange sitzen, bis uns der Wind zu kalt wird. Zum Aufwärmen kegeln wir, denn hier steht auch der Saschwaller Kegelbaum, aufgestellt von der Saschwaller Brauchtumsgruppe. Die üblichen neun Kegel warten darauf, von Wanderhand zu Fall gebracht zu werden. Hierfür hängt an einem Holzstamm eine Kugel an einer Kette, man gebe ihr Schwung und lasse sie rechts oder links um den Ke-

Blick auf Sasbachwalden

Himmlische Hölle in Sasbachwalden

gelbaum herumkreisen, um dann möglichst viele Kegel zu erwischen. Mit Gefühl bitte. Die Saschwaller Brauchtumsgruppe sagt, wer die meisten Kegel umwirft, darf sich Saschwaller Kegelbaumkönig nennen und ihnen einen ausgeben. Bevor wir schließlich unseren Weg fortsetzen, suchen wir das Straßburger Münster in der Ferne.

Bald gelangen wir auf eine asphaltierte Straße und kommen am **Wein- und Naturlehrpfad Sasbachwalden** vorbei. Wieder müssen wir bergauf. Auf einer Anhöhe bietet sich nun eine gute Gelegenheit für ein kleines Schlückchen Wein unter freiem Himmel. Ein großartiges Plätzchen. Regelmäßig wird hier oben Wein ausgeschenkt, je nach Wetterlage stehen auch Tische und Bänke bereit.

Alde Gott Panoramarunde

Über den **Schlierhöfel** gelangen wir zum **Alde-Gott-Bildstöckchen** ⑪. Endlich erfahren wir, was es mit dem **Alde Gott** auf sich hat: Der Legende nach suchte ein junger Mann in dieser Gegend nach dem Dreißigjährigen Krieg Überlebende. Es war doch recht einsam auf der Welt, und als er hier auf eine junge Frau traf, fiel ihm ein Stein vom Herzen und er rief: „Der Alde Gott lebt noch!" Er heiratete die Frau und später pflanzten sie Reben. Auch heute sind hier Reben gepflanzt. Links davon wandern wir nun hinauf zum Waldrand der Panoramarunde. Wein und Wald, wir werden dem nicht überdrüssig. Aufpassen müssen wir, dass wir die nächste Abbiegung nicht verpassen, denn wir verlassen den Wald schnell wieder in die Weinberge. Manchmal ist die Beschilderung wirklich leicht zu übersehen, obwohl ausreichend Hinwei-

Verwöhntour 11

Im Shop Alde Gott können wir uns nach der Wanderung genau den Wein kaufen, den wir unterwegs am Weinberg getrunken haben. Zudem erhält man hier auch Sekt und Edelbrände.

se aufgestellt sind. Vielleicht sind wir schon zu müde. Ob das am Wein liegt?

Auf den letzten Metern jedenfalls überblicken wir die Landschaft, durch die wir zuvor gewandert sind und erspähen den Ort, an dem wir vor einer halben Stunde das süffige Glas genossen haben. Wir kommen an den **Aussichtspunkt Obere Langert** ⓬, der nicht so spektakulär ist wie die Aussichtspunkte zuvor. Aber wir sehen von hier auch schon den Parkplatz wieder. Bevor wir jedoch nach Hause fahren, machen wir einen Abstecher zum **Gasthaus Bischenberg** ⓭, wo wir uns die badisch-elsässische Küche schmecken lassen. Danach müssen wir im Ort im Shop **Alde Gott** ⓮ unbedingt Wein einkaufen, damit uns unsere Wanderung auch andernorts schmecken kann.

Alles auf einen Blick

WIE & WANN:
Auf schmalen Pfaden, breiten Waldwegen und asphaltierten Straßen, Wanderzeit ganzjährig

HIN & WEG:
Auto: Murberg, 77887 Sasbachwalden (GPS: 48.61908, 8.13687)
ÖPNV: Ab Achern Buslinie 7123 bis Haltestelle Gaishölle, Sasbachwalden

ESSEN & ENTSPANNEN:
Hotel-Restaurant Im Spinnerhof ❸ Am Schloßberg 8, 77887 Sasbachwalden, Tel. (0 78 41) 36 09, spinnerhof.de (Sommer Di.–So. 11.30–21.30, Winter Mi. –Fr. 17–21.30, Sa. u. So. 11.30–21.30 Uhr)
S 'Dolle Frieders Straußenwirtschaft ❻ Schönbüchstraße 14, 77887 Sasbachwalden, Tel. (0 78 41) 2 23 60, www.dollefrieder.de
Gasthaus Bischenberg ⓭ Bergstraße 23, 77887 Sasbachwalden, Tel. (0 78 41) 33 83, www.gasthaus-bischenberg.de

Entspannung ✹✹✹✹✹
Genuss ✹✹✹✹✹
Romantik ✹✹✹✹✹

ENTDECKEN & ERLEBEN:
Gaishölle ❶
Brandbach ❷
Schnapsbrunnen ❹
Friedenskapelle St. Katharina ❺
Straubenhöfmühle ❼
Lydias Bänkl ❽
Aussichtspunkt Kirschenberg ❾
Aussichtspunkt Münsterblick ❿
Alde-Gott-Bildstöckchen ⓫
Aussichtspunkt Obere Langert ⓬
Shop Alde Gott ⓮
Talstraße 2, 77887 Sasbachwalden, www.aldegott.de

Abstieg vom Buchkopfturm

- ❄ 9,1 Kilometer
- ❄ 280 Höhenmeter
- ❄ 2,25 Stunden
- ❄ Rundweg

Verwöhntour 12

Inzwischen wissen wir, dass man an vielen Orten im Nordschwarzwald nicht nur einen grandiosen Blick bis hin zu den Vogesen erhaschen, sondern auch als Gleitschirmflieger abheben kann. Unsere Wanderung im Renchtal beginnt an einem solchen Traumort, am **Rossbühl ❶**. Zunächst schauen wir ins Maisachtal, nach Oppenau und in die Rheinebene. Atemberaubend. Dann wollen wir aber los. Denn auch wenn es körperlich vermutlich weniger anstrengend wird, wir haben noch nicht viel gefrühstückt, weil wir auf unserer 9-Kilometer-Rundwanderung recht bald einkehren wollen. Gehen wir es also an.

Wir gehen in den Wald hinein Richtung **Buchkopfturm.** Der Pfad hätte den Namen Wurzelpfad verdient.

Schwarzwald wohlig
Wanderspazieren im Renchtal

Gleich zu Anfang steht ein teilentwurzelter Baum quer, wir lehnen uns an und spüren seine Lebenskraft, die er immer noch hat. Erst geht es leicht bergab, dann ziemlich steil, und schon nach wenigen Metern ragt der Buchkopfturm gegenüber empor. Wir kommen aus dem Wald und nehmen den breiten Schotterweg links, dann wandern wir rechts der guten Beschilderung nach.

Wir spazieren auf zwei Bänke zu und folgen der Beschilderung nach links den **Buchkopfweg** entlang. Hier leuchten Sumpfdotterblumen gelb wie die Sonne, die Acker-Glockenblumen stechen aus dem Grasgrün hervor, und Habichtskraut gibt es in Hülle und Fülle – so sieht eine Sommerwiese aus. Wir nehmen

Verwöhntour 12

Der Buchkopfturm ist 28 Meter hoch und steht 921 Meter über NHN. Das verwendete Holz kommt von der heimischen Weißtanne. 13 Tonnen Stahl sorgen dafür, dass die Konstruktion hält. Die offene Sechseckform ermöglicht in jedem Geschoss einen Rundblick über die Rheinebene bis hin zu den Vogesen.

einfach mal eine Pusteblume und pusten alle Alltagslast davon. Es funktioniert. Vereinzelt wachsen hier Heidelbeeren, und immer wieder liegen Felsbrocken rechts und links des Weges. Dann sind wir am **Buchkopfturm** ❷ und erklimmen seine 140 Stufen. Natürlich besuchen wir das **Liebesbänkle** ❸ im Turm.

Unser weiterer Weg führt uns nun sehr steil bergab Richtung **Renchtalhütte.** Unten angekommen, gehen wir einfach geradeaus weiter, nach einigen Metern geht es rechts den **Köpfleweg** zur Renchtalhütte. Es sind nur noch 1000 Meter, auf denen uns ein herzerwärmender Fensterblick gewährt wird: Mitten in die Landschaft ist ein Holzfensterrahmen gesetzt. Von draußen nach draußen zu schauen, konzentriert den Blick in die herrliche Natur noch einmal mehr auf das Wesentliche. Hier müssen wir rechts einen grasbewachsenen, weichen Weg hinunter, es wird vielleicht etwas matschig, in jedem Fall aber steinig. Vor uns sehen wir wieder den Buchkopfturm, wir gehen aber nach links in Richtung **Renchtalhütte** ❹.

In der Wochenmitte erfreut man sich hier oben himmlischer Ruhe. Alltagsstress wird so klein wie der

Den Buchkopfturm im Griff

Wanderspazieren im Renchtal

Buchkopfturm im Hintergrund. Bald biegen wir rechts ab und sind schon da. Wir haben Glück, gerade wird ein Terrassenplatz mit bester Aussicht frei. Nicht nur der Ausblick in das **Tal der Wilden Rench** und die Gaumenfreuden sorgen dafür, dass wir gar nicht weiterwollen. Auch das Sitzkissen ist so bequem, und der Abschied nach einer Auszeitstunde fällt uns wirklich schwer.

Nun, wer geht, kann auch wiederkommen. Wir verlassen die **Renchtalhütte** so, wie wir gekommen sind, dann stehen wir vor vier Wegen und nehmen den zweiten von rechts an der Infotafel vorbei. Den Kaffee nach dem Essen wollen wir am Hotel Restaurant Zuflucht trinken, bis dorthin sind es aber noch 4 Kilometer.

Im Moment wandern wir auf dem **Mittleren Brandweg** einen Teil des Premiumwanderwegs **Wiesensteig**.

 Für die Seele

Durch Pusteblumen pusten wir unsere Alltagssorgen davon und genießen Schwarzwaldromantik in der Renchtalhütte.

Wir kommen an beeindruckenden Baumwurzeln vorbei, und es sieht fast so aus, als ob sie die großen herumliegenden Steine umarmen würden. Es sind nur noch ein paar Minuten, bis wir zur **Brandhütte** ❺ gelangen. Am Wegesrand tummeln sich Bienen und Hummeln in den Blumen, wir hingegen erfrischen uns am Wasser des **Brandbrunnens** ❻.

Rechter Hand sehen wir ein Windrad durch die Bäume. Ihre dicken Stämme sieht man dann auf dem Weg, der leicht bergab verläuft. Wenig später kommen wir an das Schild **Zuflucht,** der Ort ist noch 2,1 Kilometer entfernt. Es geht wieder bergauf, und wir vernehmen deutlich das Wasserplätschern und Rauschen. Nachdem wir das Brunnenbächle über-

In der Renchtalhütte erlebt man die Schwarzwälder Gemütlichkeit – auf der Terrasse mit grandiosem Ausblick und Schinkenbrot oder drinnen bei badischem Wein in heimeliger Atmosphäre, wo zwei jahrhundertealte Baumbalken als Stützen dienen.

Verwöhntour 12

quert haben, verlassen wir den **Wiesensteig,** gehen weiter Richtung **Zuflucht.** Noch 1,8 Kilometer. Wir entdecken noch einmal eine nette Bank zum Innehalten.

Danach wandern wir den **Hauptweg** bergauf, an der Kreuzung müssen wir geradeaus. Kurz vor einem Haus, das mitten in der grünen Idylle steht, biegen wir scharf rechts ein und folgen der blauen Raute.

Im **Hotel Restaurant Zuflucht** ❼ schmeckt der Kaffee, Kuchen wird leider nur freitags geliefert. Die letzten Meter müssen wir ein Stück an der Straße entlanglaufen, dann geht es linker Hand einen wunderschönen Pfad in den Wald hinein. Am Ende überqueren wir noch mal eine Straße und gehen gegenüber in den Wald, schon sind wir zurück. Noch einmal verweilen wir am **Rossbühl** und genießen, genießen, genießen.

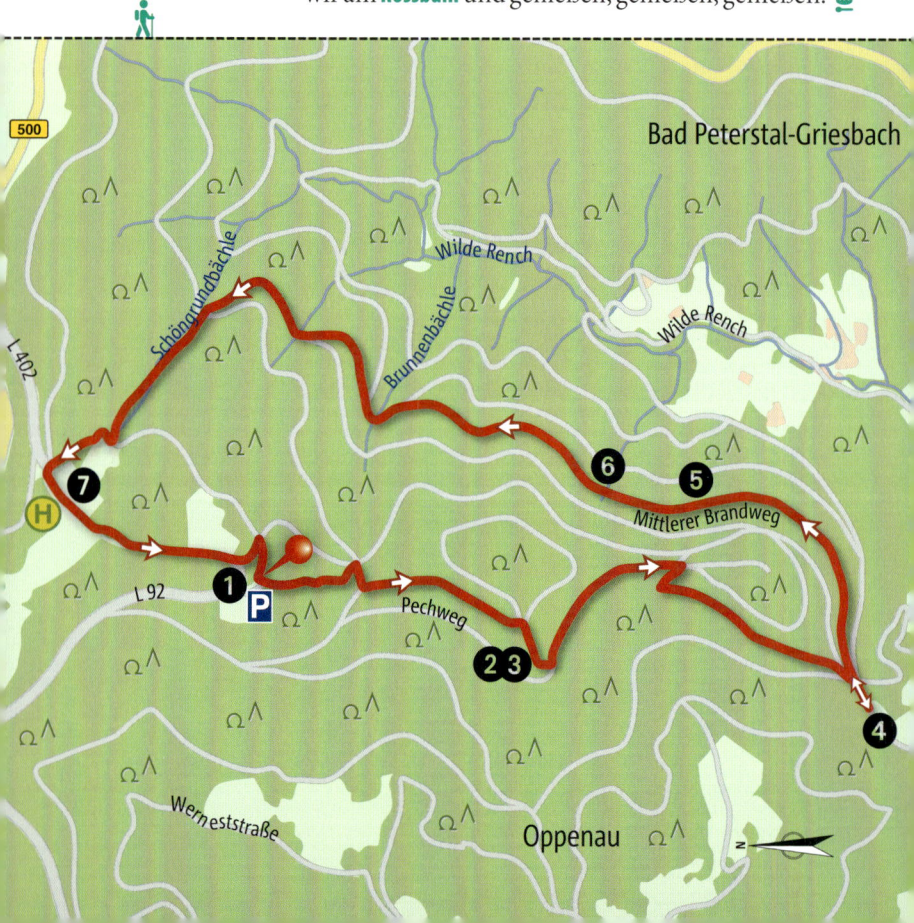

Alles auf einen Blick

WIE & WANN:
Viele schmale Pfade und Waldwege, beste Wanderzeit von März bis Oktober

HIN & WEG:
Auto: Vom Renchtal aus über die B28 und ab Oppenau über die L92 über die Oppenauer Steige bis zum Gleitschirmfliegerstartplatz an der Zuflucht (GPS: 48.4863, 8.24022)
ÖPNV: Bus 12 von Freudenstadt über die Schwarzwaldhochstraße zur Haltestelle Zuflucht, Freudenstadt

ESSEN & ENTSPANNEN:
Renchtalhütte ❹ Rohrenbach 8, 77740 Bad Peterstal-Griesbach, Tel. (0 78 06) 91 00 75, www.renchtalhuette.de (Mo.–So. 11–23 Uhr)
Hotel Restaurant Zuflucht ❼ Zuflucht 1, 72250 Bad Peterstal-Griesbach, Tel. (0 78 04) 9 21-5 61, www.hotel-zuflucht.de (Di. – Do. 11–21, Sa., So. u. Feiertag 10–22 Uhr, Mo. Ruhetag)

Entspannung ✶✶✶✶✶
Genuss ✶✶✶✶✶
Romantik ✶✶✶✶✶

ENTDECKEN & ERLEBEN:
Rossbühl ❶
Buchkopfturm ❷
Liebesbänkle ❸
Brandhütte ❺
Brandbrunnen ❻

Entschleunigungstour 13

Los geht es heute am **Wanderparkplatz F.** Er ist recht leer, das sieht zur Hochsaison anders aus. Nahe dem Startpunkt finden wir die Tafel für Wanderer: „Kaltenbronn – Wandern und vieles mehr". Wir orientieren uns kurz, wir müssen also dem Wanderschild mit der gelben Raute nach. Zu unserem Ziel, der **Grünhütte,** sind es 6,3 Kilometer. Wenn man im Frühjahr hier wandert, wie wir, läuft man bisweilen noch durch eine märchenhafte Schneelandschaft. Unglaublich. Und schön. Die Hirschkühe und der Hirsch im **Wildtiergehege** ❶ zu unserer Rechten stimmen uns mitten im Frühling weihnachtlich. Schon auf diesen ersten Metern spüren wir, dass das heute eine ganz einmalige Wanderung werden wird. Am Wildtiergehege wählen wir die kürzere Strecke mit 5,5 Kilometern in Richtung Grünhütte, den längeren Weg werden wir später zurückkommen.

Ziemlich zu Anfang der Wanderung steht links ein Hinweisschild: **Kindererlebnispfad** ❷**.** Er verläuft parallel zum Wanderweg im Wald und motiviert Kinder, die auf der Jagd nach bösen Trollen verschiedene Rätsel

Das stille Moor
Bohlenweg zur Grünhütte

lösen müssen, zum Wandern. An erster Stelle steht schon mal, dass die Kinder hier allein – also ohne Eltern (!) – laufen können und sollen.

Auf dem Weg, der uns an einer Kreuzung bald an der Leonhard-Hütte vorbeiführen wird, erfahren wir durch regelmäßig platzierte Tafeln am Wegesrand einiges über das Gebiet, in dem wir wandern. Zum Bei-

Entschleunigungstour 13

Der Wild- und der Hornsee stehen unter Naturschutz. Die wunderschöne und geheimnisvolle Moorlandschaft, die sie umgibt, ist das größte naturbelassene Hochmoorgebiet Deutschlands. Die Moore auf dem Kaltenbronn entstanden Ende der letzten Eiszeit.

spiel, dass das vorherrschende Gestein im Nordschwarzwald – der Buntsandstein – hier wesentlich härter ist oder dass die Fichte der Buche hier durch die Bewirtschaftung den Rang abgelaufen hat. Um einiges Wissen bereichert, kommen wir zur **Leonhard-Hütte** ❸, neben der eine Wackelbrücke für Kinder steht, die auch wir gerne mal probieren. Danach gehen wir geradeaus weiter. Zur Grünhütte sind es ab hier nur noch etwas mehr als 3 Kilometer. Der Weg ist breit und einfach.

An einer **Säule,** die das Moorwachstum abbildet, zeigt die gelbe Raute nach rechts zur Grünhütte. Man muss etwas achtgeben, denn das Schild Grünhütte ist kaum lesbar. „Aus tausendfachem Tod geboren, wächst meterhoch das Moor heran", heißt es auf der

Kindererlebnispfad

Bohlenweg zur Grünhütte

Tafel. Da kann einem schon einmal ein kalter Schauer über den Rücken laufen. Hier biegen wir ein und spazieren den **Bohlenweg** durch eine ganz besondere Naturwelt, das **Hochmoor von Kaltenbronn.** Linker Hand heißt uns ein Schild in Form eines grünen Blattes willkommen im **Bannwald** ❹. Kein Baum darf hier gefällt werden, es ist der Urwald von morgen, den wir heute schon genießen können. Der Schnee verzaubert dieses Gebiet noch einmal mehr auf ganz besondere Art. Es ist, als betrete man eine Filmkulisse. Nur ist das hier nicht unwirklich, sondern wirklich traumhaft.

Die **Moore auf dem Kaltenbronn** entstanden vor mehr als 10.000 Jahren am Ende der letzten Eiszeit. Bänke am **Bohlenweg** laden heute nicht zum Verweilen ein, sie sind schneebedeckt, aber wir bleiben trotzdem und schauen. Vor allem der **Wildsee** ❺ hat es uns angetan. Ein Ort, um die Auszeit besonders zu genießen und zu entschleunigen. Etwas versteckt liegt links der etwas kleinere **Hornsee** ❻.

Immer wieder beeindruckt uns die Natur hier, weil genügsame Pflanzen wie Scheidiges Wollgras, Moosbeere, Rosmarinheide, Rundblättriger Sonnentau

Umgeben von Fichten, Tannen und Kiefern überleben im Hochmoor nur wenige Lebewesen wie manche Libellen, Käfer, Spinnen, Schnecken oder die Mooreule. Es finden sich zudem Heidelbeer- und Preiselbeersträucher.

✿ Für die Seele

Die Abgeschiedenheit im Moor sorgt für die Stille, die uns im Alltag oft fehlt.

und Wenigblütige Segge hier bestehen.

Wenn wir aus dem Moor herauskommen, gehen wir direkt auf eine Beschilderung zum **Bannwald** und zur **Grünhütte** zu. Nun haben wir noch 1,4 Kilometer vor uns. Wir wandern auf einem wunderbaren Kieselsteinweg, rechter Hand begleitet uns das Plätschern des Wassers. Wir gelangen an die **Weißensteinhütte** ❼,

Entschleunigungstour 13

an der wir uns 883 Meter über NHN befinden. An der Kurve gehen wir nach links den Kieselweg weiter, am Baum sehen wir ein Holzschild mit der Aufschrift Grünhütte. Die letzten Meter geht es einen Schotterweg leicht bergab.

Unser Zwischenziel ist erreicht, wir kommen zur **Waldgaststätte Grünhütte** ❽. Heute empfangen uns zwei Schneemänner. Die bleiben lieber draußen. Zum Glück bekommen wir noch einen Platz in der Hütte, sogar am Kaminofen. Die frische Schneeluft des Frühlings hat uns hungrig gemacht. Berühmt ist hier der Heidelbeerpfannkuchen, den auch wir heute genießen. Er eignet sich als Nachtisch oder Hauptspeise, lecker ist auch der Heidelbeerkuchen. Vom Heidelbeerwein lassen wir lieber die Finger, weil noch ein ganzes Stück Weg vor uns liegt. Aber da es keine lange und

Auf der Grünhütte genießt man die Schwarzwälder Heidelbeeren frisch zubereitet im Kuchen, als Soße auf dem Pfannkuchen oder als Wein.

Grünhütte

Bohlenweg zur Grünhütte

anstrengende Wanderung ist, können wir uns das gute Tröpfchen in den Rucksack packen und mit nach Hause nehmen.

Gestärkt machen wir uns auf den Rückweg. Die Schneemänner sind indessen der Frühlingssonne zum Opfer gefallen. Zunächst gehen wir, wie wir gekommen sind, folgen also der roten Raute wieder in Richtung **Weißensteinhütte** und gehen an der ersten Biegung nach links. Auch hier können wir uns weiter an der roten Raute orientieren.

Weißensteinhütte

Nach der Weißensteinhütte könnten wir links wieder ins Moor hinein, aber dieses Mal gehen wir den anderen Weg geradeaus. Wir orientieren uns am Wanderschild Richtung **Kaltenbronn,** das besagt, bis dorthin sind es 4,5 Kilometer. Nach einigen Metern erscheint rechter Hand ein kleiner Pfad zum Ausblick: **Dobler Blick** ❾. Das schauen wir uns an. Ein schöner Ausblick. Ein paar Windräder links von uns überragen die Tannen.

Ansonsten bleiben wir die ganze Zeit auf dem Weg (man könnte auch einmal bergab nach rechts abbiegen, aber das ignorieren wir). Es geht einfach immer der roten Raute nach. Wenn der Weg eine Rechtskurve macht, müssen wir links hoch auf den lehmigen Weg. Die rote Raute links am Baum ist hier nicht gleich zu sehen. Wir kommen an eine Kreuzung und gehen geradeaus weiter. Rechts kommen wir an einer kleinen Holzhütte vorbei und überqueren bald darauf noch einmal eine Kreuzung. Auf den letz-

Entschleunigungstour 13

ten Metern geht es bergab, und wir sehen gegenüber einen Skihang. Inzwischen traut sich das Frühlingsgrün wieder hervor.

Zu guter Letzt empfehlen wir den Besuch im **Infozentrum Kaltenbronn ❿.** Hier erfährt man alles, was man über die Gegend wissen muss. Alle Sinne werden angesprochen: Es gibt Tierstimmen zu hören, Latschenkiefern zu riechen und vieles mehr. Am Ende fragen wir uns, ob man eigentlich schöner wandern kann als in so einem verschneiten Frühjahr. Wohl kaum! Denn es ist einfach faszinierend, wenn die Natur auf der einen Wegseite den stillweißen Winter präsentiert und auf der anderen den kraftgrünen Frühling. Auf der Heimfahrt freuen wir uns auf ein Glas Heidelbeerwein daheim.

Alles auf einen Blick

WIE & WANN:
Viele breite Forstwege, einen Bohlenweg (bei Nässe glitschig),
beste Wanderzeit je nach Wetterlage ganzjährig.

HIN & WEG:
Auto: Parkplatz F Kaltenbronn in Gernsbach, Kaltenbronner Straße (GPS: 48.70754, 8.42998)
ÖPNV: Bus 242 von Gernsbach im Murgtal und Busse 723 und 7780 von Bad Wildbad und Enzklösterle im Enztal Richtung Kaltenbronn (Busse fahren unregelmäßig)

ESSEN & ENTSPANNEN:
Waldgaststätte Grünhütte ❽ Gernsbacher Steige 15, 75337 Enzklösterle, Tel. (0 70 81) 86 27, www.gruenhuette.de (Di.–So. u. Feiertage 10–18 Uhr, Mo. Ruhetag)

ENTDECKEN & ERLEBEN:
Wildtiergehege ❶
Kindererlebnispfad ❷
Leonhard-Hütte ❸
Bannwald ❹
Wildsee ❺
Hornsee ❻
Weißensteinhütte ❼
Dobler Blick ❾

Entspannung ✸✸✸✸✸
Genuss ✸✸✸✸✸
Romantik ✸✸✸✸✸

Infozentrum Kaltenbronn ❿ Kaltenbronn 600, 76593 Kaltenbronn, Tel. (0 72 24) 65 51 97, www.infozentrum-kaltenbronn.de/natur-infozentrum

❋ 11,8 Kilometer
❋ 439 Höhenmeter
❋ 3,5 Stunden
❋ Rundweg

Brücke über den Grobbach

Entschleunigungstour 14

Unweit vom Wanderparkplatz an der **Malschbacher Straße** weist uns ein Schild den Weg zum Wasserfall und zur Waldgaststätte Bütthof. Los geht's. Nur ein paar Schritte und wir können den **Brahms-Brunnen** ❶ begutachten. Johannes Brahms und Clara Schumann haben auf ihrem Weg zum Wasserfall hier Rast gemacht. Wir gehen weiter, denn wir befinden uns ja erst am Start, folgen dem Schild **Wasserfall-Rundweg** und hören es schon rauschen. Wir biegen in einen schmalen Pfad ein. Während wir bergauf wandern, wird das Rauschen lauter, schnell sind wir im Wald. Ein idealer Wanderweg für heiße Tage. Das Wasser kommt uns entgegen und wirkt wie eine kühle Brise.

Der Weg zum Wasserfall ist geschmückt mit blühenden Rhododendren, kurzweilig, einfach zu laufen und gut besucht. Der **Geroldsauer Wasserfall** ❷ an sich ist eher unspektakulär. Wir verlassen nach einer Brücke dann den Rundweg und biegen links zur **Waldgaststätte Bütthof** ❸ ab. Die Lage des Gasthofes ist traumhaft, und viele Wanderer schwärmen, dass man hier gut essen kann.

Sehen und Hören
Abwechslungsreiches Geroldsau

Auf Höhe des Gasthofes an einer Brücke gehen wir rechts in den Wald in Richtung **Neubrücke.** Wir wollen zwar zum Kreuzfelsen, der linker Hand mit 1,2 Kilometer ausgeschildert ist, aber wir nehmen einen anderen Weg, weil wir länger am Bach entlanglaufen wollen. Es ist sehr romantisch hier. Allerdings sollte man den Weg auch nicht unterschätzen und gutes

Entschleunigungstour 14

Kreuzfelsen

Schuhwerk tragen, denn wenn es geregnet hat, ist es mitunter sehr matschig. Heute ist es trocken und warm und sehr verlockend, immer wieder direkt ans Wasser zu gehen. Zu baden aber scheuen wir uns wegen der Eiseskälte des Bachs dann doch.

Wir kommen dann an eine Brücke, lassen sie links liegen und nehmen wenige Schritte die Rechtskurve, um gleich darauf links einzubiegen – an einem Stein steht: **Fußpfad entlang des Grobbaches.** Er fließt nun links von uns, und wir freuen uns, dass wir nicht mehr vielen Menschen begegnen. Der Pfad ist sehr schmal, und wir kommen jetzt immer höher hinaus. Bald sehen wir rechts oben eine Hütte, auf deren Höhe wir direkt auf Schilder zulaufen, die uns den Weg nach links in Richtung **Kreuzfelsen** weisen: Es sind noch 3 Kilometer. Doch bevor wir weitergehen, bewundern wir auf einer Weide die gutmütigen **Highland Cattle Rinder** mit ihren unglaublichen Hörnern. Butterblumen behaupten sich im Grün, Ginster, Löwenzahn und Schafgarbe tupfen Abwechslung hinzu. Jetzt wird alles wieder weitläufiger. Wenn der Weg eine Rechts-

Abwechslungsreiches Geroldsau

kurve macht, verlassen wir ihn links den Berg hinauf. Beschildert ist unser Weg links am Stein in der Wiese: **Wasserfallstraße,** mit einer gelben Raute versehen, danach sehen wir die Raute rechts oben an einem Baum wieder, an der wir uns weiter orientieren. Auf einem breiten Schotterweg schaffen wir wieder einige Höhenmeter, der **Grobbach** fließt dann links unterhalb und behauptet sich noch recht laut.

Nachdem wir eine Weile den breiten Weg durch den Wald bergauf marschiert sind und uns auf einer gewissen Höhe eingefunden haben, gehen wir nach rechts auf Wanderschilder zu und müssen einen schmalen Pfad steil bergauf zum Kreuzfelsen. 800 Meter trennen uns nur noch von diesem Ziel. An einer Stelle könnte man mehr oder weniger geradeaus gehen, wir aber müssen links abbiegen, denn wir wollen ja weiter hinauf, das allein kann hier schon als Orientierung dienen. So kommen wir an die **Bernickelfelshütte** ❹ und haben etwa die Hälfte der Wanderung bewältigt. Belohnt werden wir mit der Aussicht vom **Bernickel-** oder eben auch **Kreuzfelsen** ❺. Zeit für eine Vesperpause, die Aussicht ist uns Vor- und Nachspei-

Die Bernickel- oder Kreuzfelsen sind ein geologisch geschütztes Naturdenkmal im Stadtkreis Baden-Baden. Die Felsgruppe besteht aus sogenanntem Bühlertalgranit.

❀ Für die Seele

Wir genießen diese Wanderung in der Rhododendronblütezeit und vespern bei bester Aussicht auf dem Kreuzfelsen.

se. Gegenüber sehen wir zum Beispiel die Battertfelsen und den Merkur, auch ein tolles Ziel (siehe S. 86).

Nach der Pause verlassen wir den Felsen. Wenn wir runterkommen, gehen wir wieder an der Bernickelfelshütte vorbei und auf das Wanderschild zu, weiter den Berg hinauf. Farne schmücken den Weg zur Rechten und zur Linken. Schnell geht es wieder bergab,

Entschleunigungstour 14

In der Geroldsauer Mühle – dem Tor zum Schwarzwald – genießt man traditionell erzeugte Produkte von regionalen Anbietern. Es gibt hier den Mühlenmarkt und eine Weinecke, eine Bäckerei und eine Metzgerei.

dann kreuzen Wege, und wir biegen nach rechts ab. Gegenüber am Baum treffen wir auf unseren Wegweiser, die gelbe Raute. An der nächsten Kreuzung folgen wir dem Schild links mit der etwas kleingedruckten Aufschrift: **Wanderrouten Kreuzfelsen Rundweg.**

Ein herrlicher Weg, der uns durch den Wald und das wiesengrüne Tal führt und auf dem wir das Bachplätschern fast immer im Ohr haben. Wir genießen die naturreiche Auszeit und halten am **Markgrafenbrunnen** ❻, weil wir unsere gewonnenen Eindrücke für die Arbeitswoche konservieren wollen. Um die heutige Auszeit tourgemäß ausklingen zu lassen, wandern wir die letzten Meter noch einmal am Bach entlang. Auf dem Heimweg kehren wir in der **Geroldsauer Mühle** ❼ ein.

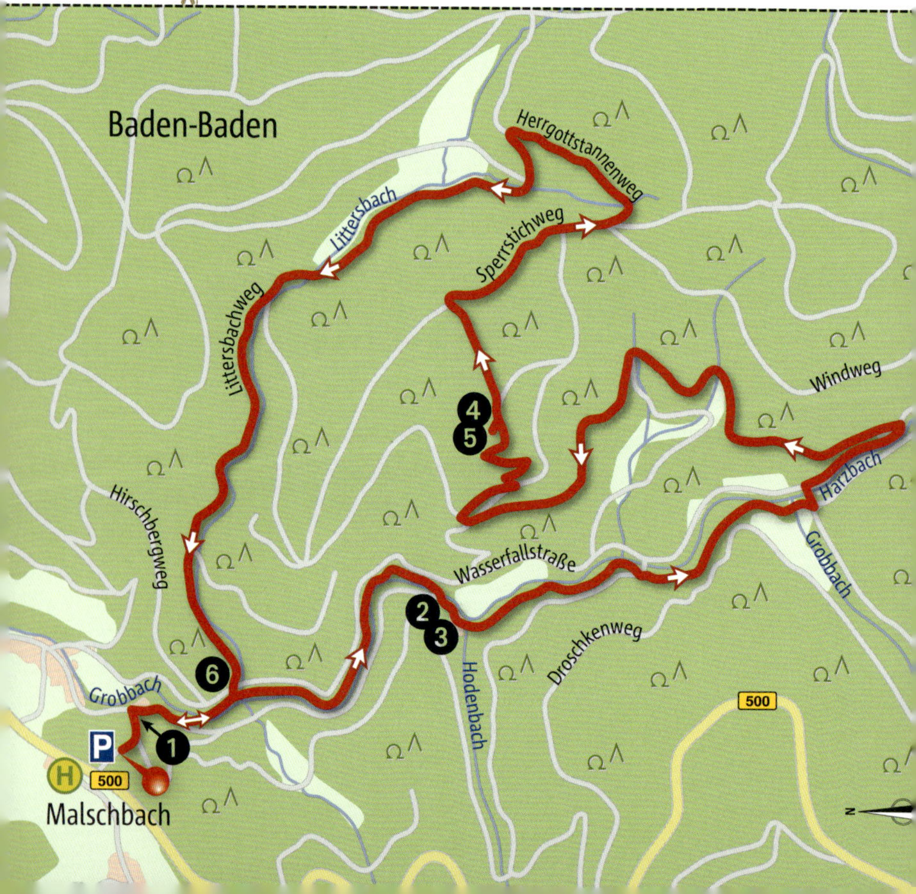

Alles auf einen Blick

WIE & WANN:
Waldwege, schmale Pfade, breite Schotterwege, beste Wanderzeit von März bis Oktober

HIN & WEG:
Auto: Waldparkplatz Geroldsauer Wasserfall, Malschbacher Straße 26, 76534 Baden-Baden (GPS: 48.72078, 8.24276)
ÖPNV: S7 ab Karlsruhe bis Baden-Baden, dann Bus 245 bis Haltestelle Malschbacher Straße, Geroldsau

ESSEN & ENTSPANNEN:
Waldgaststätte Bütthof ❸ Wasserfallstraße 1, 76534 Baden-Baden, Tel. (0 72 21) 7 37 47, www.buetthof.de (Mai–Okt. Mi.–Sa. ab 11, So. u. Feiertage ab 10, Nov.–Apr. Mi.–Fr. ab 15, Sa. ab 11, So. u. Feiertage ab 10 Uhr, Mo. u. Di. Ruhetag)
Geroldsauer Mühle ❼ Geroldsauer Straße 54, 76534 Baden-Baden, Tel. (0 72 21) 99 64 68-0, www.geroldsauermuehle.de (Mo.–Sa. 9–23, So. u. Feiertage 9–22 Uhr)

ENTDECKEN & ERLEBEN:
Brahms-Brunnen ❶
Geroldsauer Wasserfall ❷
Bernickelfelshütte ❹
Bernickel- oder Kreuzfelsen ❺
Markgrafenbrunnen ❻

Entspannung ✸✸✸✸✸
Genuss ✸✸✸✸✸
Romantik ✸✸✸✸✸

* 12,5 Kilometer
* 580 Höhenmeter
* 4 Stunden
* Rundweg

Paradiesfelsen

Entschleunigungstour 15

Wir wandern Mitte Juli, die Sonne strahlt schon am frühen Morgen auf das unberührte Wasser im Schwimmbecken des Freibads Bad Peterstal, das wir vom Wanderparkplatz aus sehen. Wäre da nicht der **Himmelssteig,** wer weiß, ob wir es uns nicht vor dem Start noch anders überlegen würden.

Statt Wasserblau erwarten wir ein herausragendes Blau am Himmel. Nach ein paar Kehren kommen wir am eigentlichen Startpunkt an. Laut Beschilderung ist der Himmelssteig 10,6 Kilometer lang, für den man eine reine Wanderzeit von 4,5 bis 5 Stunden einplanen sollte. Nun, wir werden weniger Zeit brauchen und dafür weiter wandern: Unsere Strecke wird am Ende 12,5 Kilometer messen. Unser erstes Ziel ist die Himmelsbank in 2,8 Kilometer. Wir gehen die empfohlene Laufrichtung und blicken schon nach kurzer Zeit auf ein verwunschenes Fleckchen Erde: Moosbewachsene Steine führen rechter Hand den Hang hinauf – eine Treppe nur fürs Auge. Wir müssen an dieser Stelle keine Treppenstufen erklimmen.

Ja, es geht ziemlich bergauf, schließlich nennt sich

Der Himmelssteig – ein prämierter Wanderweg – zählt wie der Schwarzwald- und Wiesensteig zur Wandersinfonie in der Nationalparkregion Schwarzwald. Die Sinfonie steht für weite und offene Täler, sanfte Hügel und schroffe Berghöhen, erfrischende Bäche und rauschende Wasserfälle.

Dem Himmel nah
Himmelssteig Bad Peterstal-Griesbach

der Weg Himmelssteig. Aus dem Wald heraus, der sich mit Buchen, Fichten, Kastanien und Tannen abwechslungsreich präsentiert, gehen wir eine Rechts-links-Kombination. Es dauert keine Viertelstunde, und wir blicken von weit oben auf das Schwimmbad hinab. Sehr schnell sind wir so weit nach oben gekommen, wie schön. Wir hören unsere eigenen Wohlfühl-

Entschleunigungstour 15

Himmelsbank

schritte auf weichem Pfad, das Vogelgezwitscher und Kuhglocken. Auf diesem Weg befindet sich auch ein Teilstück des **Landwirtschaftlichen Lehrpfades,** und so erfahren wir nebenbei, dass Ziegen als Landschaftspfleger fungieren, weil sie auch in schwierigem Gelände bewegungsfreudig sind. Uns locken einige aufgestellte Bänke, die außer einem Werbeschild noch den Hinweis auf der Rückenlehne haben, dass man uns ein himmlisches Wandervergnügen wünscht.

Im Wald wird uns auf einem rosa Schild angezeigt, dass wir Kilometer eins erreicht haben. Der Lichteinfall, die Ruhe, das Läuten der Kuhglocken – wir spüren Entschleunigung pur. Und zwischendurch immer wieder das Himmelblau, das sich durch die Bäume in unser Blickfeld drängt. Gleich zu Anfang haben wir das Gefühl, dass dieser Weg zu Recht prämiert wurde. Nach einer knappen halben Stunde wandern wir direkt ins Blaue hinein, und linker Hand öffnet sich ein wunderbarer Blick ins Tal. Wir sitzen auf einer Bank und schauen: „Pause on oifach guga!" (Pause und einfach schauen) kommt uns in den Sinn. Danach geht's weiter steil bergauf und bald – für eine Erholminute – etwas bergab, dann wieder hinauf.

Himmelssteig Bad Peterstal-Griesbach

Die Bäume imponieren durch ihre Höhe und ihr gerades Wachstum – ganz aufgerichtet. Und um das zu verinnerlichen, setzen wir uns immer wieder auf eine der unzähligen Bänke. Nach einer weiteren halben Stunde erreichen wir Kilometer zwei und überlegen, dass wir diese Wanderung wahrscheinlich nie beenden würden, würden wir auf jeder Bank pausieren.

Das Bächlein rauscht, am Wegesrand leuchten Walderdbeeren – klein, aber knallig rot. Sie wollen sich wohl im Blau und Grün behaupten. Ebenso die Waldhimbeeren, wie kleine leuchtende Punkte. Nach einer Dreiviertelstunde dürfen wir einen breiten Waldweg in einer Linkskurve leicht bergab gehen, und dann rechts abbiegen abwärts in den Wald wieder hinein. Gleich geht es wieder rechts mit einem Wahnsinnsblick ins Tal. Aber dann sind wir auch schon an der **Himmelsbank** ❶, und erneut denken wir in „Wahnsinns-Wörtern": Wahnsinnsblick, Wahnsinnsweg, Wahnsinnsbank. Für die sage und schreibe 22,5 Meter lange Sitzgelegenheit spendete der Grundstückseigentümer Peter Huber eine Weißtanne. Möge die Länge der Bank heute sinnbildlich für ein langes Le-

Für die Seele

Wir lustwandeln bei Wiesengeflüster und Grillenzirpen achtsam durch die Natur und lassen uns am Holchenwasserfall von Tropfen kitzeln.

ben stehen. Und für diese Tour bedeuten, dass sich das himmlische Entschleunigen in die Länge zieht. Wer will, kann hier oben Honig erwerben, gedanklich zum Himmel aufsteigen oder einfach nur auf die Berge und Täler des Renchtals schauen. Aber gleich wird es noch besser. Wir wandern in angenehmem Sonnenschein bergauf an einer eingezäunten Wiese eines

Entschleunigungstour 15

Damwildgeheges entlang und erreichen die **Himmelsbar** ❷. Ein Platz für Pausenpoesie. Wobei man sich gar nicht selbst etwas ausdenken muss, denn anstatt Tischdecken schmücken beschriftete Steine die Bartische. Entzückend auch die Schale mit kleinen beschrifteten Steinen für die Hosentasche: „Nimm, was Du brauchst …", heißt es. Im Angebot sind Glaube, Liebe, Sicherheit und mehr. Wir suchen uns einen Stein aus und nehmen auf der von uns erkorenen Lieblingsbank Platz.

An diesem wirklich himmlischen Ort findet man die Liebe zum Detail. Man schaue sich nur das Körbchen für die Kronkorken an. Wir könnten Tage bleiben, denn hier haben wir den Verdacht, das Leben könne ewig dauern. Schließlich gehen wir weiter. Wir hören Eidechsen durch die Heidelbeeren rascheln, während wir auf einem weichen, aber mit Steinen bedeckten Pfad neben der Straße herwandern.

Unsere nächsten Ziele sind der Paradiesfelsen, dann der Holchenwasserfall in 2 Kilometern, der Himmelsfelsenrastplatz in 3 und Palmspring in 3,8 Kilometern. Zur Abwechslung spazieren wir durch eine Blumenwiese und überschreiben den Weg mit den

Himmelssteig Bad Peterstal-Griesbach

Worten: Wiesenflüstern und Grillenzirpen. Rechts genießen wir den Blick ins Tal, links liegt der Wald, und schon wieder reicht uns der Himmelssteig gekühlte Getränke aus der Brennerei Serrer in der **Serrer's Tränke** ❸ an. Eine Erfrischung ist immer gut, aber einen alkoholischen Kick brauchen wir nicht. Das erledigen die vielen bunten Wiesenblumen und farbenfrohen Schmetterlinge. Während sich Schafe über einen Schattenplatz freuen, wundern wir uns, weil der **Paradiessteig** den **Himmelssteig** kreuzt. Ist es hier nun himmlisch paradiesisch oder paradiesisch himmlisch?

Gegenüber erspähen wir den **Paradiesfelsen,** auf dem eine Fahne sich anstrengt, im harmlosen Sommerwind badische Flagge zu bekennen. Bald steigen wir zu ihr hinauf. Wir werden bis zum Talende laufen, dann abbiegen und auf der anderen Seite zurückwandern. Jetzt auf der **Holzstraße** riechen wir den Wald besonders intensiv. Buntspechte begleiten uns, und wir kommen an einem pilzbefallenen Baumstumpf vorbei. Ach, die sind alle angeschraubt – na so was! Wir erkennen Zunderschwämme. Aber nein, auch Feuer brauchen wir hier keines, uns ist es warm genug.

An der Himmelsbar

Entschleunigungstour 15

Bei Kilometer fünf sind wir 2 Stunden gelaufen, wir sind also viel flotter als die veranschlagte Zeit, obwohl wir sehr viele Pausen gemacht haben. Das ist uns wohl ein Wink mit dem Zaunpfahl, dass wir diesen Weg viel, viel mehr genießen sollten. Nach diesen 5 Kilometern müssen wir bald rechts abwärts sehr steil hinunter, hier wachsen auch wieder überall Heidelbeeren. Nun sind wir am **Paradiesfelsen** ❹ und sehen gegenüber, wo wir vor einer Viertelstunde waren.

Grünbemooste Wurzeln knäulen sich den Hang herab. Wir haben Kilometer sechs geschafft und kommen ans **Schnäpsle-Paradies** ❺. In lieblichen 0,2-Liter-Fläschchen können wir Schnäpse und Liköre kaufen, natürlich packen wir den Himmelssteig-Likör in den Rucksack. Jetzt erlauben wir uns eine Probe, hier im Schatten am kleinen **Holchenwasserfall** ❻ sollte das gut verträglich sein. Lecker!

Wir wissen gar nicht, wo wir uns niederlassen sollen. Direkt am Wasser auf einem Stein oder doch auf der Bank mit Überblick und der Überschrift am Baum „Dohoggediewoimmerdohogge"? Auf dem Himmelssteig lernt man, achtsam durch die Natur zu lust-

Im Schnäpsle-Paradies

Himmelssteig Bad Peterstal-Griesbach

Pause vor Palmspring

wandeln und sich mit dem Rücken zum Wasserfall von Tropfen kitzeln zu lassen – das ist eine rezeptfreie außergewöhnliche Wohlfühlbehandlung.

Kurz vor Kilometer sieben erreichen wir einen weiteren traumhaften Rastplatz – den **Himmelsfelsenrastplatz** ❼ –, an dem die badische Flagge sich im leichten Wind abmüht. Die Pause ist willkommen, der Aufstieg hierhin war anstrengend. Aber der Himmelssteig selbst strahlt eine so lebensbejahende Fröhlichkeit und Leichtigkeit aus, dass alle Anstrengung vergessen ist.

Nach Kilometer acht können wir auf einem ehemaligen Tennisplatz Fußball spielen, hätten wir einen Ball dabei. Wir müssen leider passen, wandern weiter und kommen am **Palmspring** ❽ vorbei. Unwillkürlich denkt man an Florida, aber so schön kann es dort gar nicht sein! Das Palmspring kann man für Seminare und andere Events mieten.

Wir setzen unseren Weg fort, vorbei an einer Hochguckwiese, die wir spontan so taufen, weil wir zu ihr hinaufschauen. Dann wandern wir im Schatten und auf

Der Name Palmspring hier im Schwarzwald ist 1720 bereits erstmalig erwähnt worden und beruht auf die Zusammensetzung der Begriffe Palme (die Stechpalme, auch ilex aquifolium, ist im Schwarzwald beheimatet) und Spring, der Quelle.

Entschleunigungstour 15

weichem Waldboden zunächst nur leicht, dann steil bergab und hören den Bach rauschen. Der Pfad wird schmaler, aber er ist gut begehbar. Bei Kilometer neun sind wir beinahe enttäuscht, dass das meiste schon hinter uns liegt. Nachdem wir die Straße überquert haben, geht es wieder bergauf, an der Wiese können wir einem Summkonzert lauschen. Fast am Ende entdecken wir am Wegesrand einen geschnitzten Adler auf einem Baumstumpf. Wir hören die Kuhglocken wieder, sie läuten wohl das Ende der Tour ein. Aber wir kommen wieder, bestimmt. Das nächste Mal wissen wir, dass wir die Schwimmsachen einpacken müssen, dann können wir im **Freibad Bad Peterstal** ❾ noch ein paar Züge machen. Toll ist, dass man als Wanderer auch ohne Freibadeintritt auf die Schwimmbad-Terrasse kann.

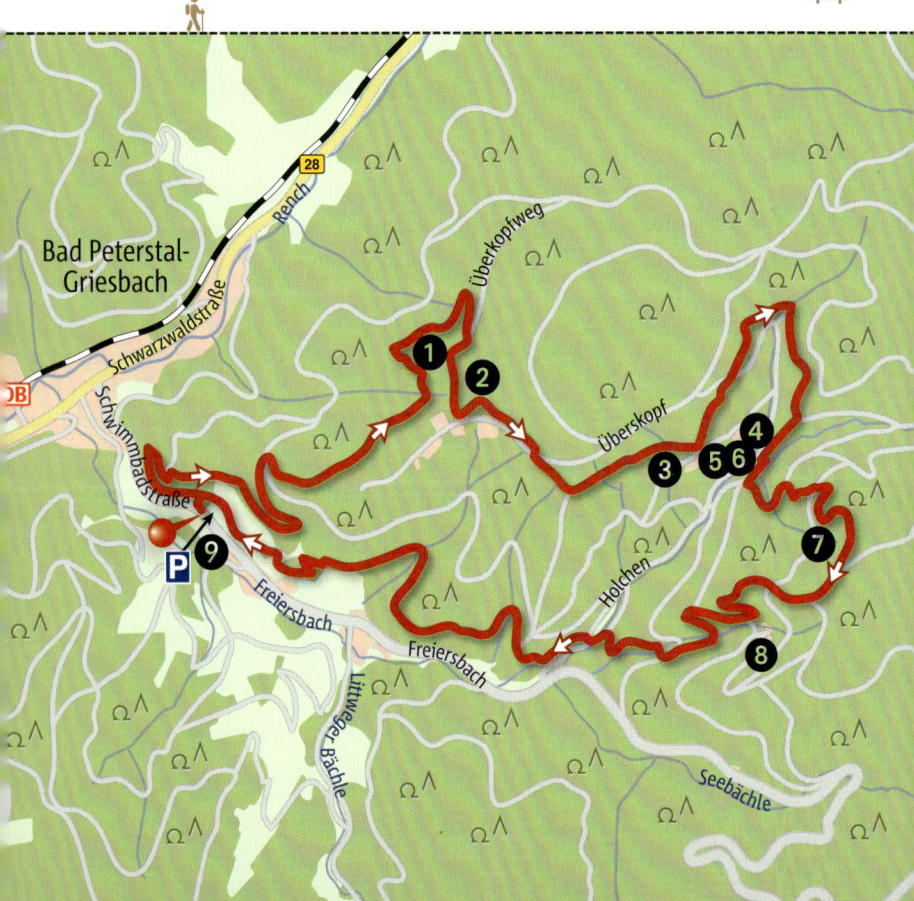

Alles auf einen Blick

WIE & WANN:
Waldwege und (Wurzel-)Pfade, Wiesenwege, beste Wanderzeit von März bis Oktober

HIN & WEG:
Auto: Parkplatz am Freibad, Schwimmbadstraße, 77740 Bad Peterstal-Griesbach (GPS: 48.42563, 8.21125)
ÖPNV: Ortenau-S Bahn von Offenburg bzw. Appenweier bis Bad Peterstal-Griesbach Bahnhof, zum Wandereinstieg etwa 5 Minuten Fußweg

ESSEN & ENTSPANNEN:
Freibad Bad Peterstal ❾ Schwimmbadstraße 10, 77740 Bad Peterstal-Griesbach, Tel. (0 78 06) 12 30, www.ortenau-tourismus.de/Media/Attraktionen/Beheiztes-Freibad-Bad-Peterstal (vorbehaltlich Mai–September Mo.–So. 10–20 Uhr)

ENTDECKEN & ERLEBEN:
Himmelsbank ❶
Himmelsbar ❷
Serrer's Tränke ❸
Paradiesfelsen ❹
Schnäpsle-Paradies ❺
Holchenwasserfall ❻
Himmelsfelsenrastplatz ❼
Palmspring ❽

Entspannung ★★★★★
Genuss ★★★★★
Romantik ★★★★★

Erfrischungstour 16

Wir starten unseren Tagesausflug am Parkplatz Nähe des Bahnhofs Bad Liebenzell. Zunächst überqueren wir die Schienen und den Fluss Nagold ❶. Vor uns zeigen sich die Berge des Schwarzwaldes. Nach der Brücke gelangen wir über eine Treppe direkt ans Wasser. Birken und Bänke zieren den Weg, der Klang des Wasserflusses ist gleichmäßig und sanft. Bald stoßen wir auf das erste Wanderschild, Burg Liebenzell erreichen wir in 1 Kilometer. Wir biegen links in den Furtweg ein, überqueren wenig später einen kleinen Bach und sehen von der Brücke aus am Hang die Burg Liebenzell. Am Bach entlang wird es recht romantisch. Am Hotel Adler vorbei überqueren wir die Wilhelmstraße (B463) und gehen den Alten Schulweg gegenüber bergan. An einer Laterne ist eine blaue Raute angeschlagen. Die Straße macht eine Linkskurve, auch von hier können wir die Burg immer sehen, als riefe sie schon: Besucht mich!

Linker Hand befinden sich eine alte Kirche und ein Friedhof. Wir kommen an die Hindenburgstraße. Gegenüber an der Apotheke sehen wir das Wanderschild, ein Richtungspfeil weist uns den Weg zur Burg Liebenzell. Wir gehen auf dem Gehweg aufwärts, links an einem Fachwerkhaus sehen wir auf dem Dachfirst eine Glocke angebracht. Fast am letzten Haus angelangt, stoßen wir auf das Schild Fußweg zur Burg und biegen rechts ein in die Burgstraße. Es geht steil bergauf. Nach ein paar Metern gehen wir links am Vorfahrt-beachten-Schild die Treppen hinauf. Auf Kopfsteinpflaster müssen wir

Schwäbischer Urwald
Romantik im mystischen Monbachtal

Erfrischungstour 16

Aufstieg zur Burg

einen schmalen Pfad nach oben und stoßen auf das Schild **Zur Burg.** Es zeigt nach links. Wir nehmen die Treppen hinauf. Zu unserer Linken können wir sehr bald einen Blick über Berge und Bäume ins Tal werfen. Unser zweites Etappenziel ist die teilweise noch erhaltene **alte Stadtmauer ❷**, die wir uns auch ansehen wollen.

Wir laufen mehrere Kehren entlang terrassenförmig angelegter privater Gärten. An der Tafel **Der Bad Liebenzeller Burgberg** biegen wir links ein und steigen die Treppen hinauf zur **Burg Liebenzell ❸**, die aus dem 12. Jahrhundert stammt. Ein Geländer bietet uns Halt. Der Weg am Holzschild führt uns direkt zur Burg. Eine Bank bittet inständig, auf ihr Platz zu nehmen, denn hier befinden wir uns fast auf Höhe der Baumspitzen. Eine weitere Tafel mit der Aufschrift **Der Bad Liebenzeller Burgberg** hält einige Informationen über die Ziegen als fleißige Helfer am Burgberg bereit.

Romantik im mystischen Monbachtal

Nun wenden wir uns vom Rastplatz ab und wandern in die andere Richtung durch das Tor links entlang. Wir kommen an einem Insektenhotel vorbei. Um einen Blick auf die Burg zu erhaschen, müssen wir den Weg über steile Steintreppen wählen. Süßkirschenbäume stehen in ihrer Blüte und erfreuen unser Auge. Wir gehen durch ein Tor und folgen dem Schild **Turmbesteigung.** Leider ist die Tür zum Turm nicht immer offen, dann hat man Pech.

Wir ziehen weiter und halten uns an das Wanderschild, orientieren uns nach rechts, der blauen Raute nach, und blicken auf den Hinweis **Monbachtal** 4,5 Kilometer. Jetzt spazieren wir in den Wald hinein, rechts geht es den Hang steil bergab, und die Häuser verschwinden allmählich hinter den Bäumen. Den ersten schmalen Weg, den wir sehen, gehen wir rechts hinab, als wollten wir wieder umkehren.

Brombeersträucher säumen den Weg. An der kleinen Kreuzung, an der es links zum **Karl-Molweg** hochgeht, halten wir uns rechts und gehen weiter etwas bergab. Weicher Waldboden lässt uns fast federnden Schrittes vorankommen. Völlig mühelos spazieren wir durch den Schwarzwald. Den Hinweis **Luisenbrünnele** lassen wir links liegen und gehen weiter bergab. Allmählich wird der Weg breiter und graßbewachsen. Wir überqueren einen breiten Weg und gehen nach wie vor weiter bergab und kommen an einer Futterstelle vorbei. Kurz müssen wir die Wanderidylle verlassen und die **Pforzheimer Straße** (B463) überqueren. Wir kommen am Eisstadion Polarion vorbei, passieren bald die **Na-**

Der Sage nach baute der Riese Erkinger, der auf Burg Liebenzell hauste, hier einen Turm und trieb als Räuber und Menschenfresser sein Unwesen. Angeblich war er 4 Meter groß und liebte es, frisch vermählte Bräute vom Hochzeitsmahl zu verschleppen.

Für die Seele

Zuerst wandern wir zur Burg Liebenzell, genießen später die Romantik im Schwäbischen Urwald des mystischen Monbachtals und runden den Tag mit Schwarzwälder Kirschtorte ab.

Erfrischungstour 16

gold erneut über eine Brücke auf der rechten Seite und wenden uns dann gleich nach links. Enten schwimmen im Fluss, das Wasser wirft kleine Wellen.

Die Nagold fließt größtenteils durch den Schwarzwald. Entlang des 90 Kilometer langen Flusses kann man inlinern, radeln, joggen oder auch einfach nur spazieren gehen. Wer ihr richtig nahe sein möchte, unternimmt eine Kanutour.

Wir wandern dann rechts einen Bogen an der Bushaltestelle vorbei und stoßen wieder auf die gelbe Raute. Die Nagold wird immer breiter, dann kommt eine kleine Schleuse, und der Fluss wird kurz lauter, aber nicht wirklich wild. Vor der nächsten Brücke über die Nagold sehen wir ein Schild, das uns über den Fischbestand in Enz, Nagold und Würm aufklärt und uns informiert, dass auch Wassersport hier erlaubt ist. Um dem Wasserstrudel zu lauschen, gehen wir auf die Brücke. Dann kehren wir aber um und folgen dem asphaltierten Weg und gehen rechts unter der Eisenbahnbrücke hindurch. Gegenüber stoßen wir auf das Monbachtalstüble ❹. Wer mag, kann bereits hier eine kleine Rast machen, wir aber überqueren den Bach und biegen in die Straße rechts ein. Ebenfalls rechts liegt dann das Café Monbachtal ❺, linker Hand sehen wir ein Schild mit der Aufschrift Monbachtal ❻. Wir biegen vor dem Café links ab. Allerdings ist es sehr verlockend, hier eine Kaffeepause einzulegen oder sogar eine Runde Minigolf zu spielen.

Wir halten uns an den Weg hinter dem Minigolfplatz, am Wald weist ein nächstes Schild uns darauf hin, dass geeignetes Schuhwerk für diesen Abschnitt nötig ist. Wir spazieren ganz nah am Bach. Es ist ein

Romantik im mystischen Monbachtal

Wasserfall in der Monbachschlucht

wunderschöner Waldweg, der Bach plätschert, linker Hand gackern Hühner vor ihrem Stall. Bemooste Steine liegen im Wasser, als seien sie dorthin gemalt worden. Doch die Natur braucht keinen Maler, sie ist sich selbst Künstlerin genug. Über große Steine gelangen wir auf die andere Seite des Monbachs. Die Natur bietet faszinierende Lichtspiele, wenn die Sonne das schattige Gebiet ausleuchtet. Baumstämme liegen quer auf dem Weg, als hätte der Wind Mikado gespielt. Entwurzelte Bäume beeindrucken unser Auge, das nicht aufhören kann, hoffnungsvolles Grün zu tanken.

Wir kommen am Jugendzeltlagerplatz Monbachtal vorbei. Ein Blick zurück lohnt immer wieder: Bäume ragen aufrecht wie stützende Stelzen in den Himmel. Wir sind uns einig: Hier ließe es sich gut leben. Oder doch noch ein paar Meter weiter am kleinen Wasserfall? Hier steht die schönste Badewanne der Welt. Wir bleiben ein bisschen an diesem Erholungsort.

Als wir unseren Weg fortsetzen, finden wir, dass es hier besonders schön ist, aufwärts zu wandern, weil einem das Wasser entgegenkommt. Auf unserem Weg kommen wir an der Rolf-Hamann-Hütte ❼ mit Feuerstelle und ausreichend Sitzgelegenheiten vorbei. Ein fantastisch idyllischer Platz. Im weiteren Verlauf

Das Monbachtal entstand in der Eiszeit vor etwa 10.000 bis 12.000 Jahren. 1901 wurde die Monbachschlucht erschlossen. Die mit Moos überzogenen Steinbrocken und umgefallenen Baumstämme prägen die Schlucht, was zum Namen „Schwäbischer Urwald" führte.

Erfrischungstour 16

wechseln wir auf unserer Wanderung immer mal wieder von Flussseite zu Flussseite hin und her über breite Steine. Wir bleiben auf unserem Weg immer nah am Bach, manchmal hat man auch die Wahl, etwas weiter oben zu gehen.

Wenn wir an eine Brücke kommen, gehen wir rechts hoch. Oben biegen wir wieder rechts ab und gehen geradeaus hoch in Richtung Monakam. Mitten im Wald lockt ein Schild zum Café Monachorum ❽. Nach ein paar Metern sehen wir die gelbe Raute rechts an einem Baum, der wir folgen. An der Abzweigung gehen wir links, das Bachplätschern verliert sich, bleibt aber im Gedächtnis. Noch einmal kommen wir hoch hinaus, bald sehen wir die ersten Häuser von Monakam, wir gehen die Lindenstraße bis zum Ende und biegen dann rechts in die Monbachstraße ein, das Café befindet sich linker Hand. Es geht links in die Brunnenstraße, am Wanderschild steht Bad Liebenzell 2,5 Kilometer. Wir folgen der Straße bis zum Ende, biegen links ein und orientieren uns an der gelben Raute. Dann halten wir am ehemaligen Brunnenhaus ❾. Anschließend verlassen wir die Straße und biegen rechts ein, dem Wanderschild nach. Am Ende des kleinen Fußgängerweges gehen wir zunächst rechts, biegen bald links ab, wo wir uns wieder an der gelben Raute orientieren, bevor wir rechts in den Monakamer Kirchweg gehen. Von hier aus haben wir die perfekte Weitsicht über den Schwarzwald. Der Monakamer Kirchweg macht einen Schlenker nach rechts, wir folgen ihm und auf einem Schild lesen wir, dass es von hier bis New York 6299 Kilometer sind. Ganz oben angekommen ist Bad Liebenzell hingegen schon greifbar nahe, es liegt 1,8 Kilometer entfernt.

Unser Weg führt bergab, es geht nun Treppen hinunter, darauf links den Weg entlang und dann im Zickzack gleich wieder rechts. Die gelbe Raute leistet uns erneut Hilfestellung. Wir befinden uns immer noch auf dem Monakamer Kirchweg. Es geht jetzt wieder einen Waldweg steil bergab, wir überqueren einen anderen Wanderweg, halten uns aber einfach abwärts auf

Das ehemalige Brunnenhaus stammt aus dem 14. Jahrhundert und soll an die Kostbarkeit des Lebens – gutes Wasser – erinnern.

Am Monbach

Erfrischungstour 16

dem Monakamer Kirchweg. Am Jägersteig nehmen wir geradeaus das offene Tor, spazieren über den schönen Friedhof. Knapp 12 Kilometer Wanderung liegen nun hinter uns. Sobald wir den Friedhof verlassen, geht es noch mal in den Wald hinein und weiter bergab, rechts lugt der Ort durch die Bäume. Noch immer orientieren wir uns an der gelben Raute, die uns den Weg abwärts weist. Bald sehen wir rechter Hand die Burg wieder. Am Ende geht es über Steintreppen bis zur Straße hinunter, die uns bis zu unserem Ausgangspunkt führt, dem Bahnhof Bad Liebenzell. Aber an der Straße werfen wir noch einen letzten Blick links zur Felswand hinauf, in die eine Bank eingelassen wurde. Unser nächster Sitzplatz wird aber im Café Schweigert ⑩ sein, denn wir haben Lust auf Schwarzwälder Kirschtorte.

Alles auf einen Blick

WIE & WANN:
Viele schmale Pfade und Waldwege, beste Wanderzeit von März bis Oktober

HIN & WEG:
Auto: Von Pforzheim auf der B463 nach Bad Liebenzell, Parkplatz neben dem Bahnhof, Bahnhofstraße, 75378 Bad Liebenzell (GPS: 48.77048, 8.73414)
ÖPNV: Regionalbahn von Pforzheim oder Tübingen bis Bad Liebenzell Bahnhof, von Stuttgart S6 bis Weil der Stadt, Bahnhof, dann mit Bus 880 bis Bad Liebenzell Bahnhof

ESSEN & ENTSPANNEN:
Monbachtalstüble ❹ Im Nagoldtal 2, 75378 Bad Liebenzell, Tel. (0 70 52) 92 00 24 (Mo.–Sa. 10.30–19.30, So. u. Feiertage 10.30–19.30 Uhr)
Café Monbachtal ❺ Im Monbachtal 2, 75378 Bad Liebenzell, Tel. (0 70 52) 9 26-18 10, www.monbachtal.de/angebot/einkehren (Sommer Mo.–Fr. 13–18, Sa., So. u. Feiertage 12–18, Winter Fr.–So. 13–17 Uhr)
Café Monachorum ❽ Monbachstraße 30, 75378 Bad Liebenzell-Monakam, Tel. (0 70 52) 52 01, www.cafe-monachorum.de (Mi.–Sa. 14–18.30 Uhr)
Café Schweigert ❿ Kurhausdamm 11, 75378 Bad Liebenzell, Tel. (0 70 52) 44 04, www.cafe-schweigert.de (tgl. 8.30–18.30 Uhr)

ENTDECKEN & ERLEBEN:
Nagold ❶
Alte Stadtmauer ❷
Burg Liebenzell ❸ Burgstraße 1, 75378 Bad Liebenzell, Tel. (07052) 92450
Monbachtal ❻
Rolf-Hamann-Hütte ❼
Brunnenhaus ❾

Entspannung ✹✹✹✹✹
Genuss ✹✹✹✹✹
Romantik ✹✹✹✹✹

Erfrischungstour 17

Am Vatertag wagen wir uns an den **Mummelsee** ❶ – im Volksmund auch **Wundersee** genannt – an der **Schwarzwaldhochstraße** und sind gespannt, wie voll es dort an einem Feiertag sein wird. Der sagenumwobene See ist ein Karsee, der seinen Namen weißen Seerosen zu verdanken hat, die im Volksmund Mummeln heißen. Wir fahren so, dass wir gegen 11 Uhr am Startpunkt **Berghotel Mummelsee** sind und noch gut einen Parkplatz bekommen, wenngleich er schon sehr voll ist. Touristen tummeln sich im Souvenirshop oder trinken einen Kaffee am See. Wir starten neben dem Hotel an der Wandertafel und gehen Richtung **Mummelseeblick** und **Hornisgrindeturm,** beides die nächsten Etappenziele. Nach der Bank aus Stein geht es rechts hinauf.

Schon nach wenigen Metern genießen wir einen wunderbaren Ausblick ins Rheintal, während über uns Gleitschirmflieger vorbeihuschen. Bald müssen wir rechts die Treppen hinauf. Für Familienausflügler mit Kinderwagen ist dies nicht zu bewältigen, was unseren Weg schon fast menschenleer macht. Am Baum gegenüber erkennen wir die rote Raute und folgen ihr. Auf dem steinigen Pfad sehen wir Heidelbeeren und sturmbeschädigte Bäume. Es wird dunkler und kühler.

An der nächsten beschilderten Kreuzung gehen wir rechts Richtung **Mummelseeblick** ❷ und sind gleich da. So schnell wurden wir bisher noch auf keiner Wanderung belohnt, wir könnten stundenlang hier stehen bleiben und die Aussicht genießen.

Nach einigen Augenblicken gehen wir aber zurück

Der Mummelsee inspirierte den Lyriker Eduard Mörike zur Ballade „Die Geister am Mummelsee", die der Komponist Hugo Wolf vertonte.

Heidelbeersummen
Mummelsee und Hornisgrinde

Erfrischungstour 17

Mummelseeblick

Hornisgrinde – Horn, miss, grind – bedeutet kahler Bergrücken, der auf seiner Höhe ein Moor trägt. Wenn man das Lateinische bemüht, kommt man auf „mons grinto" – sumpfiger Kopf, ein Hinweis auf das Hochmoor.

zur Kreuzung und biegen jetzt rechts in Richtung Hornisgrindeturm. 400 Meter sind es nur bis dorthin. Wenn kein Wind weht, wird es einem im Sonnenschein schnell sehr warm, und so machen wir uns lieber auf den Weg. Wir gehen nach rechts weiter und haben nur noch 200 Meter vor uns, die wir allerdings den Steinweg hinaufkraxeln müssen, wie der Süddeutsche sagt. Dann sehen wir ihn, den **Hornisgrindeturm** ❸ und viele Ausflügler, die sich rund um die **Grinde-Hütte** ❹ scharen. Uns ist es für eine Mittagspause noch zu früh, trotzdem setzen wir uns kurz und schweifen gedanklich in die Ferne. Als seien sie ins Blau hineingepinselt worden, stehen die Wolken am Himmel. Ein Augenblick zum Verharren, um das Schöne bewusst zu genießen.

Danach besteigen wir den Turm, vielleicht auch, um den Wolken näherzukommen. Auf dem Weg nach oben können wir uns über die Turmentstehung sehr gut informieren und – oben angekommen – eine noch bessere Aussicht als eben genießen. Auf der **Hor-**

Mummelsee und Hornisgrinde

nisgrinde – dem höchsten Berg des Nordschwarzwaldes – befindet sich auch der Sendeturm, der Grundnetzsender des Südwestrundfunks.

Hinter dem Hornisgrindeturm führt uns der Weg schließlich weiter nach rechts in Richtung **Windpark 5**, den wir nach 600 Metern erreichen. Wir sehen den Sendemast und ein Windrad vor uns und kommen zum **Bismarckturm 6**. Auf seiner Plattform befinden sich vier Panoramatafeln, die uns nicht nur Berge und Täler erklären, sondern uns auch anzeigen, wie weit es beispielsweise nach Lima in Peru ist – nämlich ganze 10.664 Kilometer.

Unser Weg führt uns weiter in Richtung Fernsehturm. An der nächsten Beschilderung orientieren wir uns am Hinweis: **Ochsenstall.** Wir wandern übrigens auf dem berühmten **Westweg,** der durch die rote Raute gekennzeichnet ist, direkt auf den Sendemast zu, immer weiter in Richtung Ochsenstall. Nun leicht bergab durch den Wald, außer Vogelgezwitscher hören wir nichts.

Vor dem Sendeturm nehmen wir rechts den schmalen Weg. Jetzt ist alles sehr weitläufig. Auch der Löwenzahn auf der Wiese hat sich ausgebreitet und scheint die Kreuzblütler zu verdrängen. Anhand der Beschilderung erfahren wir, dass wir hier im Winter Schneeschuhwandern können. Keine schlechte Idee!

Wenn wir an eine Abzweigung kommen, an der rechts ein rundes Schild mit weißem Läufer auf rosa Untergrund zu sehen ist, gehen wir rechts den schmalen Pfad in den Wald hinein bergab. Am Baum vor

Die Grinden, baumlose Feuchtheiden auf der Hochfläche, entstanden nach der Waldrodung und der anschließenden Nutzung als Weidefläche ab dem 15. Jahrhundert. Das Hochmoor im südlichen Bereich des Gipfelplateaus ist von Natur aus unbewaldet.

 Für die Seele

Wir genießen die Blicke in die Ferne vom höchsten Berg des Nordschwarzwaldes genauso wie das Wandern im Bannwald, der uns mit Heidelbeerteppichen lockt.

Erfrischungstour 17

Ochsenstall

uns sehen wir die rote Raute, der wir gerne folgen. Nachdem wir bergab gewandert sind, gehen wir linker Hand zum Ochsenstall 7, so steht es auf dem Holzschild geschrieben. Wir legen eine Pause ein und genießen schon wieder einen wunderbaren Augenblick in der Natur, bevor wir uns zur nächsten Einkehrmöglichkeit – dem Seibelseckle – aufmachen. Zurück auf unserem Weg und den Ochsenstall im Rücken, biegen wir bei der nächsten Gelegenheit rechts in den Wald ein. Es sind noch 4,5 Kilometer. Bald passieren wir ein Schild linker Hand, auf dem auch das Seibelseckle vermerkt ist.

Unterwegs kommen wir an der Harzbrunnenquelle 8 vorbei. Faszinierender aber ist der Heidelbeerteppich, auf dem die Bäume des Schwarzwaldes stehen. Leider sind die Beeren noch nicht reif, und wir ziehen weiter unseres Weges abwärts durch den Wald. Wir können von hier das Windrad gegenüber am Hang entdecken, das wir vorhin besucht haben. Der Weg macht eine Linkskurve, und wir müssen nun geradeaus, bis wir den Biberkessel 9 erreichen. Plätschern dringt an unser Ohr, und es geht bergauf. Kurze Zeit später erreichen wir die Große Biberkesselhütte

Mummelsee und Hornisgrinde

⓾ die allerdings optisch eher klein ist. Von hier aus gehen wir wieder Richtung Seibelseckle.

Am großen Holzschild Sackweg findet sich ein Hinweis, dass wir rechts hinauf zum Seibelseckle kommen. Beinahe ein kleiner Kletterpfad. Bäume sind entwurzelt und liegen auf dem Weg. Aber wir laufen ja auch durch den Naturpark Schwarzwald. Alles ist so belassen, wie es der Natur vorschwebt. Im Bannwald bleiben tote Bäume stehen und bergen neues Leben in sich, denn Vögel können hier nisten, und Käfer finden Unterschlupf. Aber Vorsicht, hat es geregnet, kann es matschig auf dem Weg werden und man muss trittsicher sein.

Gerade liefern uns die Bienen in den Heidelbeeren am Hang ein herrliches Summkonzert. Das noch im Ohr, hören wir bald menschliche Stimmen und Motorengeräusche. Zunächst aber sehen wir den Skihang am Seibelseckle ⓫. Einkehren wollen wir hier nicht, weil wir nicht an der Straße sitzen wollen. Motorenlärm soll das Summkonzert von eben nicht aus unserem Kopf verbannen. Deshalb gehen wir schnell wieder zurück über den breiten Schotterweg links

Seibelseckle

Erfrischungstour 17

Richtung **Mummelseeblick,** von hier sind es noch 1,2 Kilometer zum Ausgangspunkt.

Zwar sehen wir den Parkplatz bald links unten, wir gehen aber rechts noch etwa 500 Meter zum See hoch. Wir passieren das **Mummelseetor Seebach** und haben vor uns die **Kapelle St. Michael** ⓬. Von hier aus gehen wir rechts an der Kapelle vorbei zum See. Besichtigen können wir auf dieser Höhe den **Kunstpfad am Mummelsee** ⓭.

Und weil es so schön war, spazieren wir am Ende eine Ehrenrunde um den See, der bevölkert ist von Tretbootfahrern. Ob die **Seenixe** ⓮ aus Bronze ein Auge auf sie hat?

Wir kommen nun ans Ende der Wanderung und durften heute viele schöne Augenblicke erleben, die in Summe fast schon Spielfilmlänge erreichen.

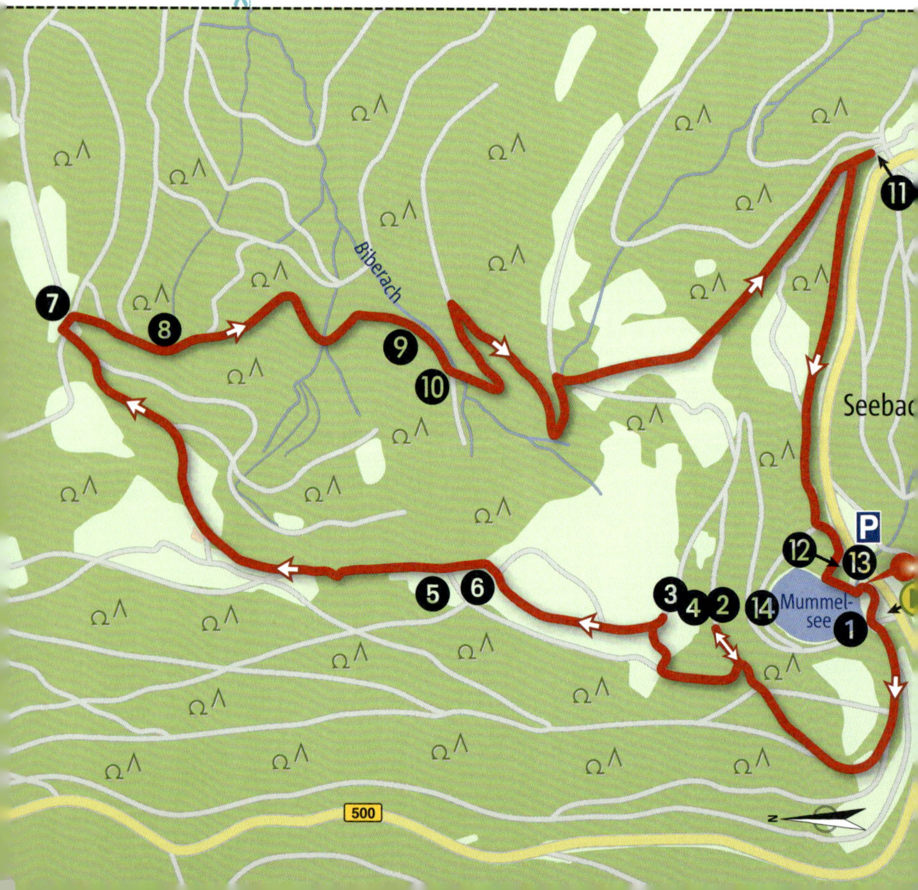

Alles auf einen Blick

WIE & WANN:
Schmale, teilweise steinige Pfade und Waldwege, beste Wanderzeit von
März bis Oktober, im Winter ist Schneeschuhwandern möglich

HIN & WEG:
Auto: Parkplatz beim Berghotel Mummelsee Schwarzwaldhochstraße 11,
77889 Seebach/Mummelsee (GPS: 48.59666, 8.20363)
ÖPNV: Ab Karlsruhe Hbf. S81 Richtung Rastatt, S7 Richtung Achern
bis Baden-Baden Bahnhof, dann Bus 245 zum Mummelsee

ESSEN & ENTSPANNEN:
Grinde-Hütte ❹ Hornisgrinde 12, 77889 Seebach, Tel. (0 78 42) 4 27 38 97,
www.grindehuette.de (Di.–So. 10.30–17.30 Uhr, Mo. Ruhetag außer an Feiertagen)
Ski- und Wanderheim Ochsenstall ❼ Hundsrücken 1, 77815 Bühl-Untersmatt,
Tel. (07226) 920911, www.wanderheim-ochsenstall.de
(Sommer tgl. ab 10, So. u. Feiertage ab 9 Uhr)

ENTDECKEN & ERLEBEN:
Mummelsee ❶
Mummelseeblick ❷
Hornisgrindeturm ❸
Windpark ❺
Bismarckturm ❻
Harzbrunnenquelle ❽
Biberkessel ❾
Große Biberkesselhütte ❿
Seibelseckle ⓫
Kapelle St. Michael ⓬
Kunstpfad am Mummelsee ⓭
Seenixe ⓮

Entspannung ✸✸✸✸✸
Genuss ✸✸✸✸✸
Romantik ✸✸✸✸✸

Libelle am Herrenwieser See

* 11 Kilometer
* 220 Höhenmeter
* 2,75 Stunden
* Rundweg

Erfrischungstour 18

An einem heißen Tag im Juni stellen wir unser Auto auf dem Wanderparkplatz in die Sonne, die von oben strahlt, als wollte sie uns grillen. Aber gegenüber sehen wir den Wald und hoffen auf Schatten. Noch ein Blick auf die Informationstafeln, die sich glücklicherweise unter einem Baum befinden und los geht's über die Straße, eine kleine Brücke und den Wiesenpfad hinauf in den Wald. Von hier aus sehen wir schon links die sehr schöne St.-Antonius-Kirche, die wollen wir uns später genau anschauen. Außerdem erkennen wir das Gasthaus Waldesruh, dort wollen wir den Wandertag in ein paar Stunden beenden. Zu Beginn unserer Erfrischungstour können wir uns nach der kurzen Steigung, die mit lila Disteln, Margeriten und Kornblumen geschmückt ist, über den Borkenkäfer informieren.

Wir wenden uns in die asphaltierte Straße nach rechts, kommen an Ferienhäusern vorbei und gehen zunächst in der prallen Sonne. Am Wegesrand können wir beobachten, wie Ameisen scheinbar ein neues Heim bauen. Weil das alte in der Sonne lag? Es sieht jedenfalls nach einem großen Vorhaben aus und fleißig sind sie trotz Hitze. Schmetterlinge umflattern uns. Vielleicht wollen sie uns Frischluft zufächern.

Im Wald auf dem breiten Schotterweg werden kleine hellgrüne Tannenbäume von der Sonne angestrahlt. Es geht leicht bergab durch den Nationalpark Schwarzwald, in dem wir uns befinden. Wir sind sehr gespannt auf den Herrenwieser See, ein Karsee, der – so steht es auf einem Schild – wegen seines ökologischen

Seebad und Sehlust
Zum Karsee bei Herrenwies

Erfrischungstour 18

Wertes und außergewöhnlichen landschaftlichen Reizes besonders erhaltenswert ist. Der Weg gabelt sich, wir halten uns rechts, von links oben kommen wir später zurück, Kennzeichen der Tour ist zunächst die blaue Raute.

Hochgewachsener Farn lenkt uns von der Hitze ab. Sehr beeindruckend. An einem Baumstumpf mit blauer Raute steht obenauf Schwallung 0,3 Kilometer. Hier biegen wir rechts ein, es geht steil bergab, und wir gehen auf eine Brücke zu, die wir rechts liegen lassen. Wir befinden uns nun an der **Schwallung** ❶. Früher wurde an diesem Ort das Seewasser aufgestaut, um es als Schwallung für die Holzflößerei zu nutzen.

Unser Weg führt uns nach links, wir orientieren uns an den Wanderschildern. Am **Schwarzenbach** ❷ picknicken ein paar Leute, und Hunde kühlen sich im Wasser ab. Für uns geht es weiter und wieder leicht bergab. Wir sehen den Bach rechter Hand kaum, aber wir hören ihn. Vereinzelt wachsen Walderdbeeren,

See der Schwarzenbachtalsperre

Zum Karsee bei Herrenwies

sonst ist das ein Weg, der nicht ablenkt. Radfahrer und einige Familien mit Kindern sind hier unterwegs. Wir bleiben rechts auf dem Weg und gehen nicht links hoch in den Wald! Es gibt keine Wegweiser. Erst ein Stückchen weiter können wir auf einem Schild aber Herrenwieser See 2,6 Kilometer lesen. Zur Seebachmündung ❸ sind es nur noch 650 Meter. Hier gehen Menschen baden oder paddeln auf dem See. Das ist eine prima Alternative zu überfüllten Badeseen und Schwimmbädern am Wochenende – mit einem Aber! Motorradfahrer lärmen in die Landschaft, leider. Dennoch, wir lassen uns nicht abhalten und genießen ein kurzes Erfrischungsbad. Im Anschluss machen wir einen Abstecher zum Stauseeufer ❹, das wir in 400 Metern erreicht haben. Von dort können wir die Schwarzenbachtalsperre ❺ gut sehen. Wenn wir zurückkommen, müssen wir rechts einbiegen: Herrenwieser See 1,9 Kilometer informiert ein Schild. Hätten wir den Abstecher nicht gemacht, müssten wir – von Herrenwies kommend – links abbiegen.

In der heißen Junisonne wandern wir wieder leicht bergauf. Als links am Hang eine Hütte kommt, hören wir das Rauschen des Baches sehr laut. So ist das Ohr erfrischt, möge die gehörte Kühle durch den Gehörgang in den ganzen Körper dringen. Ins Auge fallen sehr viele Margeriten am Wegesrand. Wir kommen an einer hübschen Brücke vorbei, müssen aber nicht hinüber. Ein kurzes Stück weiter wechselt es von der blauen auf die rote Raute. Der

 Für die Seele

Dieser Rundweg bietet Abkühlung und Badespaß im See der Schwarzenbachtalsperre und Urlaub für den Hörsinn am Herrenwieser See.

Erfrischungstour 18

Badepause

graue Schotterweg ist umgeben von sattem Grün, und zu beiden Seiten malen Wiesenblumen fröhliche Farbtupfer hinein.

Nach einer Weile folgen wir links wieder der roten Raute, einen breiten Pfad den Berg hinauf und in den Wald hinein, was bei Hitze doch einigermaßen anstrengend ist. Ein Käfer umbrummt uns, während wir uns von Schattenwurf zu Schattenwurf hangeln. Hier oben wachsen Heidelbeeren, und es wird steiniger und steiniger. Der steile steinige Aufstieg dauert circa eine Viertelstunde. Fast am See gabelt sich der Weg. Die Schilder stehen hier sehr ungeschickt, und man ist etwas überfragt, wo es langgeht. Wir müssen jedenfalls nach links, diesmal halten wir uns an die gelbe Raute. Die Steigung ist geschafft, ebenerdig erreichen wir nach etwa zwei Dritteln der gesamten Wanderung den **Herrenwieser See** ❻, Bänke stehen für eine längere Rast bereit. Wir setzen uns und bemerken die Heidelbeeren im Rücken. Eine umwerfende Ruhe erfreut das Ohr, endlich hat dieses Organ mal Freizeit. Das Auge schaut, sieht in der Ferne den Seerosenteich. Auch wenn die Seerosen zurzeit noch nicht blühen, gelbe Teichrosen lassen sich vereinzelt erspähen. Wir soll-

Zum Karsee bei Herrenwies

ten mindestens ein halbes Stündchen bleiben. Der Herrenwieser See ist der nördlichste Karsee im Nordschwarzwald. Er steht unter Naturschutz, das achten wir, indem wir die Uferzone mit dem Hochmoorgürtel nicht betreten. Das ist der Lebensraum der Wasserläufer und Libellen, aber auch der Grasfrösche, Erdkröten sowie der Berg- und Fadenmolche. Außerdem möchten wir dem fleischfressenden Sonnentau bestimmt nicht zu nahe treten.

Ruhig und gelassen ziehen wir weiter und biegen oben links ab, in Richtung der kleinen Hütte, an der sich Richtungsschilder befinden. In 3,5 Kilometern sind wir wieder in Herrenwies. Es geht nun leicht bergab, und wir erfreuen uns am emsigen Summen der Insekten. Es scheint, als hörten selbst die Vögel zu, sie piepsen nur vereinzelt. Oder ist ihnen zu heiß zum Singen?

Ein Highlight dieser Tour liegt nun noch vor uns: die Bank mit Blick auf die Schwarzenbachtalsperre ❼. Gedankt sei dem Pfarrer Würz, der diese Bank spendete. Es ist wirklich traumhaft und ein absoluter Glücksort. Der Pfarrer aus dem Bühler Tal ist vor allem für seine Gottesdienste bekannt geworden, die er immer mit Gitarre begleitete.

Recht gemütlich wandern wir nun in einer Dreiviertelstunde immer leicht bergab, und bald sehen wir dann linker Hand in der Ferne und der prallen Sonne unser Auto stehen. Aber jetzt gehen wir erst einmal

Der Herrenwieser See entstand in der kältesten Periode des Eiszeitalters (Kaltzeit) vor rund 120.000 bis 60.000 Jahren. Allmählich verlandet der Karsee und wird mit der Zeit wohl zum Hochmoor. Sein Wasser ist stark versauert und nährstoffarm.

Erfrischungstour 18

> **!**
>
> *Die Mehliskopf Bobbahn an der Schwarzwaldhochstraße bietet dem Besucher eine Fahrt auf stählernen Schienen durch 13 Steilkurven. Man kann bis zu 40 Kilometern pro Stunde erreichen. Ein besonderes Highlight ist die Fahrt mit Virtual-Reality-Brille.*

im **Gasthaus Waldesruh** ❽ essen. Hat man Pech und es gibt noch keine warme Küche, ist es prima, hier zunächst nur etwas zu trinken und sich für einen Abstecher in die Geroldsauer Mühle zu entscheiden. Sie ist mit dem Auto nur einen Katzensprung entfernt. Zuvor schauen wir uns die **St.-Antonius-Kirche** ❾ an. Sie ist die einzige vom Nationalpark Schwarzwald umschlossene Kirche. Besonders gut gefällt uns das Sandstein-Schichtmauerwerk. Wir tanken kurz Kühle im Innern, wo viel Holz verarbeitet wurde. Dann steigen wir ins heiße Auto und freuen uns auf ein Essen aus regionalen Produkten in der **Geroldsauer Mühle** ❿. Wer mit Kindern unterwegs ist oder Lust auf Abenteuer hat, macht noch einen Zwischenstopp an der **Mehliskopf Bobbahn.**

Alles auf einen Blick

WIE & WANN:
Breite Schotterwaldwege, ab und an steinige Pfade, beste Wanderzeit von März bis Oktober

HIN & WEG:
Auto: Parkplatz am Dorfplatz Herrenwies, Herrenwies 20, 76596 Forbach (GPS: 48.6587, 8.26641)
ÖPNV: Bus 263 ab Forbach bis Haltestelle Dorfplatz, Herrenwies (2 Gehminuten vom Parkplatz entfernt)

ESSEN & ENTSPANNEN:
Gasthaus Waldesruh ❽ Herrenwies 30, 76596 Forbach, Tel. (0 72 26) 2 32, www.waldesruh-herrenwies.de (Mi.–So. 11.30–21 Uhr, Mo. u. Di. Ruhetag)
Geroldsauer Mühle ❿ Geroldsauer Straße 54, 76534 Baden-Baden, Tel. (0 72 21) 99 64 68 -0, www.geroldsauermuehle.de (Wirtshaus Mo.–Sa. 9–23, So. u. Feiertage 9–22 Uhr)

ENTDECKEN & ERLEBEN:
Schwallung ❶
Schwarzenbach ❷
Seebachmündung ❸
Stauseeufer ❹
Schwarzenbachtalsperre ❺
Herrenwieser See ❻
Bank mit Blick auf die Schwarzenbachtalsperre ❼
St.-Antonius-Kirche ❾

Entspannung ✸✸✸✸✸
Genuss ✸✸✸✸✸
Romantik ✸✸✸✸✸

Erfrischungstour 19

Für heute nehmen wir uns den Genießerpfad **Sankenbachsteig** vor, der mit abwechslungsreichen naturbelassenen Pfaden durch ursprüngliche Wälder und aussichtsreichen Stellen in circa 800 Höhenmetern wirbt. Schon der nachgebaute Miniwasserfall am Start wirkt sehr einladend. Wir überqueren den **Sankenbach 1** und biegen dann links ab. Die ersten drei Höhepunkte der Erfrischungstour – **Wildgehege, Sankenbachsee und Sankenbach-Wasserfälle** – erwarten uns nach 1, 3 und 4 Kilometern. Schon nach 100 Metern am Bach entlang lädt uns die erste Bank zum Sitzen ein. Das Vieh weidet nicht auf der Wiese, die Kühe genießen den Schwarzwald im Schatten an einem Unterstand. Neben Bachbänken laden uns auch Baumstümpfe direkt am Wasser zum Verweilen ein. Nach etwa 20 Minuten wird es durch den Schatten der Bäume etwas dunkler und geht bergauf. Hier befindet sich auch ein Nordic-Walking-Fitnesspark. Und schon sind wir am **Wildgehege 2**, leider ist nicht immer ein Tier zu sehen. Wir gehen weiter und lesen bald darauf, dass es zum Sankenbachsee noch 1,6 Kilometer und zu den Sankenbach-Wasserfällen noch 2,4 Kilometer sind. Da erlauben wir uns eine kurze Rast am Spielplatz und schaukeln. An einer Holzhütte vorbei überqueren wir die **Sankenbachbrücke,** unter uns fließt der **Sankenbach.** Heidelbeeren schmücken den Wegesrand, und der Kaisermantel fliegt von Blatt zu Blatt. Über Wurzelpfade gehen wir den romantischen Weg durch den Wald am Bach entlang. Die natürliche Idylle lässt

Ins Nichts abschweifen
Sankenbachsteig in Baiersbronn

Erfrischungstour 19

Der Sankenbachsee ist einer von 12 erhaltenen Karseen im Schwarzwald. Sie entstanden zur sogenannten Würmzeit, die vor rund 115.000 Jahren begann und vor etwa 11.700 Jahren endete. Heute stellen sie wunderbare Ausflugsziele dar.

uns über den Anstieg, der gleich kommt, hinwegsehen. Schnell kommen wir höher und höher, der Bach rauscht zum fröhlichen Gezwitscher der Vögel. Und während wir auf einer Art Wurzelstraße gehen, verschafft uns ein laues Lüftchen ein wenig Abkühlung.

Nach einer knappen Stunde erreichen wir den **Sankenbachsee** ❸, der sich zu unserer Linken ausbreitet. Wenn das kein Ort zum Bleiben ist! Hier wollen wir am liebsten den ganzen Tag sitzen. Etwas lesen, etwas dichten, etwas denken, um dann endlich ins Nichts abschweifen zu können. Rund um den See wächst viel Grün, Farne, aber auch Heidelbeeren oder der Rote Fingerhut. Ahnten wir nicht, dass es an den Wasserfällen mindestens genauso schön ist, würden wir uns wirklich noch länger ausruhen und in den See blicken. Seine glatte Oberfläche spiegelt das Waldgrün noch einmal in einer anderen Nuance. Der Sankenbachsee ist der am tiefsten gelegene im Nordschwarzwald und der einzige, in dem das Baden erlaubt ist.

Pause am Sankenbachsee

Sankenbachsteig in Baiersbronn

Wir stoßen auf den **Dr. Engstler-Rundweg** und verlassen den See vor dem Grillplatz nach links hoch in den Wald. Bevor wir das aber tun, können wir noch etwas über die Flora und Fauna der Gegend erfahren: Gelbe Iris, Grauer Alpendost, Wollgras, Rippenfarn und Bürstenmoos, um nur eine Auswahl an Pflanzen zu nennen. Auch die Namen vieler Schmetterlingsarten kann man hier lesen. Den Kaisermantel beispielsweise haben wir zudem schon oft gesehen. Aber Schiller- und Moorfalter, das Pfauenauge, den Trauermantel und der Kleine Fuchs flattern hier ebenso durch die Luft. Außerdem finden Libellen und die Gebirgsameise hier ein Zuhause.

Die Pausen eingerechnet erreichen wir nach anderthalb Stunden das Naturdenkmal **Sankenbach-Wasserfälle ❹**. Am Einstieg empfängt uns ein dicker Stein, auf den eine Infotafel befestigt wurde. Unter anderem heißt es: „Der 800 Meter lange Steg bietet herrliche Aussichten auf einer abenteuerlichen Etappe". Wir sind gespannt und begeben uns auf den alpinen Steg, der nur für geübte Wanderer geeignet ist. Schwindelfreiheit, Trittsicherheit und festes Schuhwerk werden verlangt.

Der Wasserfall führt wenig Wasser, beeindruckt uns aber dennoch sehr. Und was entdecken wir da: eine Holzschleuse, die sich manuell öffnen lässt. Wie die Kinder spielen wir nun am Naturdenkmal, indem wir das Wasser anstauen und dann über die Karwand des Sankenbachkessels ins Tal stürzen lassen. Gute Absicherungen ermöglichen es uns sogar, in den Ab-

❀ Für die Seele

Am Höhepunkt der Wanderung – dem Sankenbach-Wasserfall – werden wir wieder Kind, stauen das Wasser und lassen es dann ins Tal stürzen.

Erfrischungstour 19

grund zu schauen. Wir verlassen den Wasserfall und bald darauf sehen wir den See von oben. Als Nächstes kommen wir zur **Wasserfallhütte** ❺.

Wir verlassen den Wald linker Hand auf die Straße und kühlen unsere Wanderwaden am **Raibles-Brunnen** ❻. Dort geht es bergauf in den Wald hinein. Die Gefahr, dass es matschig und rutschig wird, ist auch hier ziemlich groß. Der Pfad wird steiniger und schmaler je höher wir kommen. Wir verlassen ihn nach links auf einen breiten Waldweg, biegen aber gleich wieder rechts in den Wald ein. Zur Wasenhütte sind es noch 1,2 Kilometer. Auch hier fallen die Walderdbeeren auf, die wie kleine rote Punkte den Wegesrand zieren. Nachdem wir einen breiten Waldweg etwa 20 Minuten gewandert sind, erreichen wir nach knapp 2,5 Stunden Gesamtwanderzeit die **Wasenhütte** ❼, vor der wir rechts abbiegen und abwärts in den Wald hinein einen schmalen Pfad entlanggehen. Hier wandern wir wie in einem engen Trichter und taufen

Wasenhütte

Sankenbachsteig in Baiersbronn

Schleifstein

den Weg für uns auf den Namen Trichterpfad. Allerdings stellen wir nach einer guten Viertelstunde am Ende fest, dass man ihn auch Heidelbeerpfad hätte nennen können. Zunächst können wir nicht gut erkennen, wo wir nun lang müssen. Wir wählen den asphaltierten Weg bergab und sehen danach am Schild, dass wir richtig sind.

Nach kurzer Strecke des asphaltierten Weges biegen wir wieder links ein, dann gleich wieder rechts einen etwas zugewachsenen Pfad entlang. Aus dem Wald heraus erkennen wir einen Kirchturm. Am Hohacker Schleif-Steinwerkplatz 8 halten wir kurz. Der Stein blieb hier liegen, weil er bereits bei der Herstellung zerbrach und für den Sensenschliff nicht mehr verwendet werden konnte. Wir kommen aus dem Wald heraus, müssten gleich darauf wieder links hoch einbiegen, machen aber vorher einen kleinen Abstecher zur Michaelskirche Friedrichstal 9. Von hier oben blickt man über das ganze Forbachtal.

Danach geht's weiter zur Missehütte 10, die 800 Meter entfernt liegt. Inzwischen haben wir Hunger und Durst und steuern nun auch die Glasmännlehütte an,

Die architektonische Besonderheit der Michaelskirche Friedrichstal liegt in einem achteckigen Sandsteinsockel, auf dem der verschindelte Aufbau aus Fachwerk sitzt. Heute ist die Kapelle eine beliebte Hochzeitskirche.

Erfrischungstour 19

150 Höhenmeter liegen noch vor uns. Ab diesem Teil der Wanderung hören wir die Autos wieder und haben ein wenig das Gefühl, in die Zivilisation zurückzukehren, was ja nichts anderes bedeutet, als dass es zuvor sehr, sehr ruhig gewesen ist.

Kurz vor der Rast müssen wir uns noch einmal aufwärtskämpfen. Und dann sind wir bald am nächsten Ziel, wandern die letzten Meter nach rechts auf einem breiten Weg, haben freie Sicht ins Tal zu unserer Rechten und sehen als Erstes eine Fahne. Den kleinen Berg hinauf zur **Glasmännlehütte** ⓫ bewältigen wir nun auch noch. Geschafft! Nach der Anstrengung schmecken uns Schinkenbrot und Linsensuppe noch mal so gut, und das Radler haben wir schnell ausgetrunken. Dann laben wir uns noch ein wenig am Ausblick und gehen sinngesättigt den Abstieg an.

Wir müssen links hinab wieder in Richtung **Wildgehege,** noch 2 Kilometer bis dorthin. Nach **Baiersbronn** zur S-Bahn sind es 2,5 Kilometer. Wir wandern einen breiten Waldweg leicht abwärts und halten uns dann rechts auf der asphaltierten Straße. Nach 300 Metern auf dem geteerten Weg erblicken wir den Bollenhut, das Zeichen des Genießerpfads, das wir vermisst hatten, und biegen rechts ab, hinunter in den Wald. Die

Blick auf Baiersbronn

Pause in der Glasmännle-Hütte

Mountainkarts kreuzen den Weg

Erfrischungstour 19

gelben Schilder, die wir sehen, sind für die Mountainbiker, rechts am Baum sind unser Genießerpfadschild und die gelbe Raute. Ohne es geplant zu haben, sind wir abwärts die sogenannte leichte Variante gegangen. Nun wandern wir wieder Richtung Sankenbachsteig.

Wir sehen schon den Parkplatz, aber spannender sind die Mountainkartfahrer, die unseren Weg kreuzen. Ob wir wohl mehr Spaß haben beim Zuschauen? Denn das Geholpere sieht nicht sehr rückenfreundlich aus, tauschen wollen wir nicht. Aber die Fahrer lachen alle.

Auf den letzten Metern kommt noch mal ein Schild und weist zu einem Schnapsbrunnen in 80 Metern – wer will. Wir gehen aber weiter, und schon sind wir zurück am Wanderparkplatz Sankenbach.

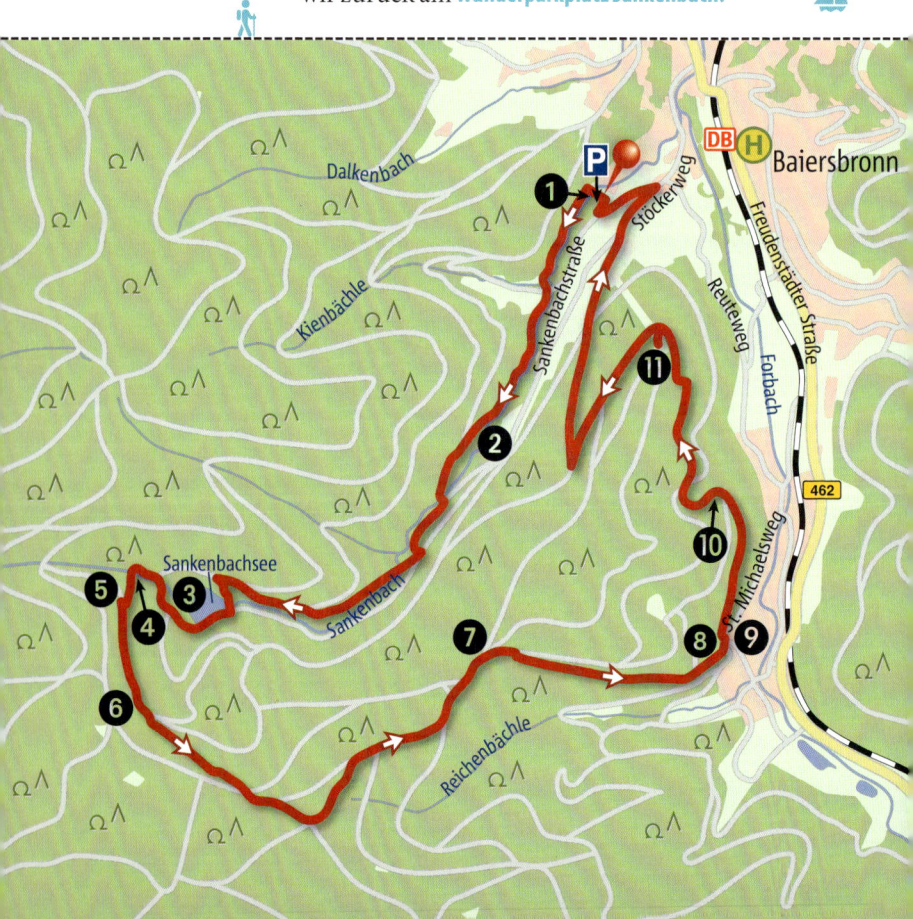

Alles auf einen Blick

WIE & WANN:
Schmale und breite Wald- und Wurzelpfade, teilweise steinig, alpiner Aufstieg, auch asphaltierte Strecken und Schotterwege, beste Wanderzeit von März bis Oktober

HIN & WEG:
Auto: Wanderparkplatz Sankenbachtal Rotwildgehege, Sankenbachstraße 132, 72270 Baiersbronn (GPS: 48.5007, 8.36456)
ÖPNV: S8 und S81 bis Baiersbronn Bahnhof, Fußweg von circa 10 Minuten bis zum Parkplatz Sesselbahn

ESSEN & ENTSPANNEN:
Glasmännlehütte ❶ Stöckerkopf, 72270 Baiersbronn, Tel. (0 74 42) 12 14 33, www.glasmaennlehuette.de (tgl. 10–18 Uhr)

ENTDECKEN & ERLEBEN:
Sankenbach ❶
Wildgehege ❷
Sankenbachsee ❸
Sankenbach-Wasserfälle ❹
Wasserfallhütte ❺
Raibles-Brunnen ❻
Wasenhütte ❼
Hohacker Schleif-Steinwerkplatz ❽
Michaelskirche Friedrichstal ❾
Missehütte ❿

Entspannung ✹✹✹✹✹
Genuss ✹✹✹✹✹
Romantik ✹✹✹✹✹

Erfrischungstour 20

Raus aus dem Auto, rein ins Vergnügen – schon vom Parkplatz aus hören wir den Wiedenbach plätschern. Und zu den Gertelbach-Wasserfällen ist es nur 1 Kilometer. Näher kann ein Ausflugsziel kaum liegen. Das ist wie aus dem Bett an den reichlich gedeckten Frühstückstisch kommen. Rechts am Hang weiden Schafe, ein schwarzes ist auch dabei. Nach 5 Minuten Wanderung biegen wir links ein und kommen zu einer kleinen Fischzucht. Kurz danach sehen wir die erste Bank, die erste Brücke und haben den ersten Ausblick. Sodann folgt der erste Aufstieg, bei dem wir etwas über Steine kraxeln müssen. Dabei erleben wir ein großartiges Zusammenspiel von Sonnenlicht, Wasserplätschern und Waldgrün.

Bevor wir nach ungefähr 20 Minuten wieder die Bachseite wechseln, genießen wir einen Ausblick auf die Berge des Schwarzwalds. Natürlich bemerken wir auch die schönen lila Waldblumen am Wegesrand, die sich etwas schüchtern zum Grün gesellen. Rechts am Hang steht ein schmuckes Haus, es war früher einmal eine Gaststätte und wird heute vermietet. Ja, die Lage ist perfekt.

Dann erreichen wir die Gertelbachbrücke ❶, lassen sie rechts liegen, laufen geradeaus weiter hinauf und sehen ein großes Schild: Wasserfälle. Das ist auch der Gertelbach-Rundweg. An einer großen Informationstafel werden wir aufgefordert, die einzigartige Natur und Landschaft entlang der Gertelbachschlucht ❷ zu entdecken. Wir befinden uns im Schonwald Gertelbach-Wie-

Farbenspiele
Faszinierende Gertelbachschlucht

denfelsen. Unter anderem erfahren wir, dass wir in 1,6 Kilometern beim Felsen den herrlichen Ausblick über den Bergwald und über die Rheinebene hinweg genießen können. Außerdem heißt es, dass wir beim Aufstieg entlang der Gertelbachschlucht die Gesteinsschicht Granit erwandern. Es überwiegt der sogenannte **Bühlertäler Granit,** ein sehr harter Stein. Er verwittert nur langsam. So entstanden imposante Felsen und Blockhalden aber auch die Wasserfälle, welche sich über Jahrtausende kaum verändert haben.

Wir gehen weiter und nehmen wahr, wie es mal laut, mal leise plätschert, mal sanft, mal heftig. Ob auf einer Bank, oder auf einem Stein – das Wasser lädt zum Sitzen ein. Wobei es uns auch lockt, die romantischen Brücken zu überqueren. Wer hier seine Augen offenhält, entdeckt auch den Baum am Wegesrand, bei dem man meint, er hätte Augen und Nase. Nur wo ist sein Mund? Oder streckt er die Zunge heraus? Es muss nicht immer ein Kletterpark mit seinen künstlich angelegten abenteuerlichen Wegen sein, denn hier kann man über die Steine klettern und kauzige Naturfiguren entdecken. Wir sind umgeben von

Brücke über den Gertelbach

Faszinierende Gertelbachschlucht

Gertelbachhütte

Steinmoosburgen, als hätten Kinder sie aufgetürmt, wie im Kasten den Sand.

Nach ungefähr einer Dreiviertelstunde verlassen wir kurz den schmalen Pfad und kommen an eine schöne Holzsitzgruppe unter einem Baum. Das ist ein wunderbarer Picknickplatz. Wasser sammelt sich zu einem – mit etwas Fantasie – Minisee. Auf einem Schild steht auch etwas über den „Roßgumpen" geschrieben: Ein „Gumpen" ist mittelhochdeutsch eine tiefe Stelle in einem Gewässer. Hier wurden die Pferde getränkt, die Holzstämme zum Abtransport an den Weg ziehen mussten.

Nach dem wunderschönen Rastplatz gehen wir linker Hand weiter hinauf am Wasserfall entlang. In Sonne getauchte Felsen strahlen uns förmlich an. Ih-

 ## Für die Seele

Im Hochsommer genießen wir Wald- und Wasserfallfrische und naschen unterwegs schmackhafte Himbeeren.

Erfrischungstour 20

nen zu Füßen kann man auf einer Bank Platz nehmen und sie bewundern. Aber nicht nur das, eine Steintreppe führt zu ihnen hinauf. Ein Treppengeländer erleichtert uns den Aufstieg.

Wir werden etwas langsamer, allerdings nicht, weil es bergan geht, sondern weil wir ständig stehen bleiben und schauen müssen. Es ist so schön hier und erfrischend auf unserem Weg immer am Wasser entlang. Weißtannen, Fichten, Rotbuchen, Bergahorn und Eschen prägen den Schluchtwald entlang des Gertelbachs. Der Uhu ruft, und wir summen vor uns hin. Mag sein, der Fotograf beschwert sich, weil Holzstämme die Sicht auf das fallende Wasser versperren, aber die Natur hat eben anderes im Sinn, als sich ablichten zu lassen. Speichern wir die Bilder deshalb im Kopf ab und nicht auf einem Stick.

Nach einer Stunde kommen wir an einen Grenzstein von 1826 und dann an die Gertelbachhütte ❸, vor die wir uns setzen und dem Wasser beim Fallen zusehen. Moosfetzen liegen auf dem Weg herum – ob hier wohl Vögel Nistmaterial gesammelt haben? Es wäre jedenfalls eine nette Wohngegend für sie. Spontan ziehen wir für ein paar Minuten ein, legen uns auf die Bank ohne Rückenlehne und nehmen einen Himmelbaumblick untermalt mit der Musik des Baches.

Am Wasserfall

Faszinierende Gertelbachschlucht

Felsvorsprung in der Schlucht

Auf den nächsten Metern müssen wir an einer Stelle einen Felsen umgehen und kommen auf eine Brücke zu, die wir überqueren. Allmählich erfordert der Weg Schwindelfreiheit, besonders, will man über das Brückengeländer schauen. Wenn wir das nächste Mal beim Yoga den herabschauenden Hund machen, haben wir bestimmt diesen Anblick nach unten auf die Gertelbacher Wasserfälle ❹ vor Augen.

Doch jetzt kommen wir zunächst den Baumspitzen immer näher. Am nächsten Schild linker Hand steht Wiedenfelsen ❺ noch 500 Meter. Wir biegen links ein in einen breiten Schotterweg, es sind noch 200 Meter zum Felsen. Wir orientieren uns gleich wieder am Schildermeer, unser nächstes Ziel ist hier bereits vermerkt: Hertahütte in 2,5 Kilometern. Wir gehen aber nun erst einmal auf das Eventhaus Wiedenfelsen ❻ zu. (Auf der anderen Seite hätte man die Möglichkeit, neben den Wasserfällen wieder abwärtszulaufen.)

In der Nähe des Eventhauses Wiedenfelsen ist besonders im Winter einiges los, denn hier – zwischen Bühlertal und Sand – liegt mitten im Wald die größte Freilufteisbahn im nördlichen Schwarzwald. Sie ist mit 1800 Quadratmeter sogar eine der größten

Der Gertelbach überwindet 330 Höhenmeter, bevor er nach 2,5 Kilometern in den Wiedenbach mündet. Im steilsten Abschnitt stürzt der Bach 220 Meter tief in etwa 15 Fallstufen von bis zu 6 Metern Höhe.

Erfrischungstour 20

Europas. Geöffnet wird im November, davon sind wir aber noch weit entfernt und ziehen weiter unserer Wege.

Ein paar Meter spazieren wir an der Straße am Eventhaus Wiedenfelsen vorbei, verlassen die Straße dann aber gleich links abwärts die Treppen hinunter und folgen einem schmalen Pfad neben der Straße. Zu unserer Linken öffnet sich der Blick auf das Bühlertal, und wir können in der Ferne die Hertahütte gegenüber bereits erkennen. Dieses Ziel mehr oder weniger vor Augen wandern wir fröhlich weiter durch ein Himbeerparadies. Sie sind reif und schmackhaft. Wir taufen den Weg „Am Himbeerhang", um gleich darauf festzustellen, dass er vom Weg „Am Brombeerhang" abgelöst wird. Sehr angenehm läuft es sich hier im Schatten, zwischendurch überqueren wir wieder das Wasser, und danach geht es bergauf, das Wasser fließt rechts aus einer Felsspalte heraus.

Die Abzweigung zum Oskar Dresen Felsen nehmen wir nicht, wir bleiben auf dem Gertelbach-Rundweg.

Bühlertal

Faszinierende Gertelbachschlucht

Gleich geht es links auf einen breiten Schotterweg. Zur Hertahütte sind es nun nur noch 1,4 Kilometer, wir bleiben kurz auf diesem breiten Schotterweg, verlassen ihn bald aber wieder rechts hinauf dem grünen Schild nach: Gertelbach-Rundweg. Wir sind mitten im Wald und fühlen uns hier bei der Sommerhitze sehr wohl.

An der nächsten Beschilderung heißt es: Falkenfelsen 200 Meter, Herthahütte 800 Meter. Also nur ein kurzes Stück, und schon befinden wir uns im Schonwald Falkenfelsen, der durch bizarre Felsformationen und alte Wälder geprägt ist. Erstaunlich: Hier lebt der Wanderfalke, der schnellste Vogel der Welt. Im Sturzflug erreicht er bis zu 300 Kilometer pro Stunde – Wahnsinn. Rechts durch die Bäume erahnt unser Auge das 1912 erbaute Schlosshotel Bühlerhöhe in dem schon Kaiserin Sissi speiste.

Nun sind wir neugierig auf den Ausblick vom Gipfel der Falkenfelsen ❼ und der Hertahütte ❽. Benannt ist die Hütte im Übrigen nach Hertha Isenbart, der Erbauerin der Bühlerhöhe. Der Abstecher ist bestens ausgeschildert. Und ja, die Fernsicht ist wirklich grandios! So viele Wanderer schwärmen von diesem Ort. Von hier aus haben wir einen Blick über das Bühlertal, in die Rheinebene und in den Schwarzwald. Ach, diese Weite! Würde unser Magen nicht knurren, wir würden noch eine Weile bleiben. Aber nach diesem Abstecher lockt uns das Waldgasthaus Kohlbergwiese ❾ – „Ihr Kinderparadies am Gertelbach-Rundweg".

Und tatsächlich, wir kommen den Berg herab und sehen als Erstes den Kinderspielplatz. Die Wirtin gibt sogar den Tipp, Ersatzkleidung für Kinder mitzunehmen. Jedenfalls kann man sich hier lange aufhalten, mit und ohne Kinder. Es gibt gutbürgerliche Küche, uns liegt vor allem der Charme, den ein familiär geführtes Gasthaus bieten kann. Und die geräucherte Forelle.

Nach der Stärkung gehen wir der guten Beschilderung weiter dem Gertelbacher-Rundweg nach. Zunächst geht es in einer Art Trichter einen Pfad bergab, der Weg wird dann schnell breiter, und wir kommen

Erfrischungstour 20

recht zügig hinunter. Satt, aber nicht müde, genießen wir den letzten Teil unserer Tour. Noch immer fallen uns die riesigen Felsbrocken mitten im Wald auf. Am Pfadende biegen wir links in einen breiten Schotterwaldweg und etwa eine Viertelstunde später können wir rechts am Hang noch einmal das Schlosshotel Bühlerhöhe entdecken. Dann verlassen wir den breiten Schotterweg nach rechts bergab einen Pfad hinunter, es ist recht steil und rutschig, zum Glück gibt ein Geländer mit Seil etwas Halt. Eine Dreiviertelstunde nach der Mittagspause kommen wir wieder an die Hauptstraße, überqueren sie und gehen links den Weg hinunter zum Parkplatz zurück. Heute Morgen um kurz vor 10 Uhr stand hier nur unser Auto, jetzt ist kein Platz mehr frei.

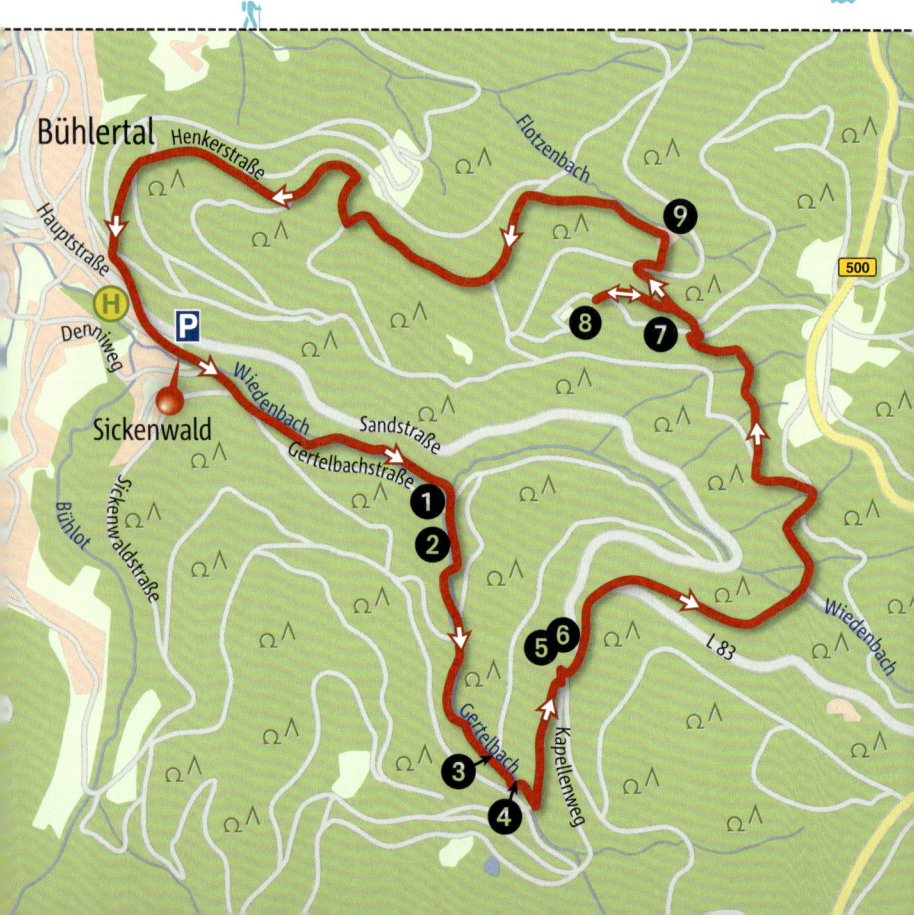

Alles auf einen Blick

WIE & WANN:
Schotterwege, Waldwege und (teilweise steinige) Pfade,
beste Wanderzeit von März bis Oktober

HIN & WEG:
Auto: Wanderparkplatz, Gertelbachstraße 2a, 77830 Bühlertal (GPS: 48.66909, 8.20295)
ÖPNV: Bus 263 bis Haltestelle Gertelbachstraße, Bühl-Bühlertal-Sand

ESSEN & ENTSPANNEN:
Waldgasthaus Kohlbergwiese ❾ Kohlbergstraße 4, 77815 Bühl/Sand,
Tel. (0 72 26) 2 50, www.waldgasthaus-kohlbergwiese.de
(Mi.–So. 11.30–19 Uhr, Mo. u. Di. Ruhetag)

ENTDECKEN & ERLEBEN:
Gertelbachbrücke ❶
Gertelbachschlucht ❷
Gertelbachhütte ❸
Gertelbacher Wasserfälle ❹
Wiedenfelsen ❺
Eventhaus Wiedenfelsen ❻
Falkenfelsen ❼
Hertahütte ❽

Entspannung ✶✶✶✶✶
Genuss ✶✶✶✶✶
Romantik ✶✶✶✶✶

Ein großes Glück bedeutete für mich die Zusammenarbeit mit meiner Lektorin Kirsten Witte-Hofmann, die auch an Wochenenden mit mir auf dem Papier Richtung Ziel wanderte. Sehr dankbar sind Herr Eppele und ich zudem meinem Mann Guido Hakenes, der sich mit den technischen Daten befasste und akribisch Karten vorzeichnete.

Birgit Jennerjahn-Hakenes

Die GPS-Daten zu jeder Tour gibt es auf
www.droste-verlag.de

© 2020 Droste Verlag GmbH, Düsseldorf
2. Auflage 2021
Konzeption/Satz: Droste Verlag, Düsseldorf
Einbandgestaltung: Britta Rungwerth, Düsseldorf, unter Verwendung von Bildern von stock.adobe.com: ©lily; fotolia by Adobe: © 3d_generator, © Andrey Kuzmin, © niroworld, © Nik Merkulov; Schutterstock.com: © Caue de Oliveira Buck, © Nik Merkulov
Fotos: Klaus Eppele
Karten: Thorsten David, Bochum
Druck und Bindung: LUC GmbH, Greven

Alle Angaben in diesem Buch wurden sorgfältig recherchiert und geprüft. Für die Richtigkeit der Angaben, für etwaige Unfälle und Schäden jeglicher Art kann keine Haftung übernommen werden; die Nutzung erfolgt auf eigenes Risiko. Abweichungen, die nach Redaktionsschluss erfolgten, konnten nicht mehr berücksichtigt werden. Hinweise und Änderungen nehmen wir gern entgegen.

ISBN 978-3-7700-2175-8
www.droste-verlag.de